中学校新学習指導要領のカリキュラム・マネジメントシリーズ

スキルコードで深める中学校数学科の授業モデル

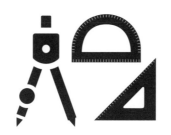

[編著]
西村 治・岡野 浩行

[著]
秀明中学校・高等学校
秀明大学学校教師学部附属
秀明八千代中学校・高等学校

G 学事出版

推薦のことば

清原 洋一
秀明大学学校教師学部教授
前文部科学省初等中等教育局主任視学官

社会はめまぐるしく変化し、複雑で予測困難な時代となってきている。そのような中、一人ひとりの可能性をより一層伸ばし、新しい時代を生きる上で必要な資質・能力を確実に育んでいくことを目指し、学習指導要領の改訂が行われた。

育成すべき資質・能力については、「知識及び技能」「思考力，判断力，表現力等」「学びに向かう力，人間性等」の三つの柱で整理している。そして、これらの資質・能力が着実に育成されるよう、「主体的・対話的で深い学び」の実現に向けた授業改善を推奨している。「単元や題材など内容や時間のまとまりを見通しながら，生徒の主体的・対話的で深い学びの実現に向けた授業改善を行うこと」と学習指導要領に示されているように、教育実践においては、ある程度まとまった内容や時間を見通して、いかに授業を具体的に設計し実践していくかが鍵となる。しかも、「カリキュラム・マネジメント」が強調されているように、各学校においては、学校全体で教育課程を軸に学校教育の改善・充実の取組を進めていくことが大切となる。

そのような中、秀明学園の実践研究をもとに『スキルコードで深める中学校の授業モデル（全5巻）』が出版されることとなった。この本は、教師が指導計画や指導案を作成し、授業を実践していく際、資質・能力を育成する授業の流れを可視化し、より確かなものにしていこうとする取組をまとめたものである。授業を設計していく際には、「何（単元や題材などの内容）」を、「どのように」学び、「何ができるようになるか（育成を目指す資質・能力）」といった具体的な指導や支援の一連の流れをイメージすることが大切である。本書においては、ブルームらが提唱した教育分類学（改訂版タキソノミー、2001年）に基づいて制作した『スキルコード』の活用を提案している。育成する資質・能力を、ブルーム・タキソノミーの認知過程と対応させることにより、資質・能力およびそこに至る学習過程を俯瞰的にみることが可能になってくる。このような過程を踏みながら検討することにより、1時間の授業ということに留まらず、単元や題材など内容や時間のまとまりの中で、ある意味戦略的に授業を設計して実践し、さらに、授業実践を振り返り、改善・充実につなげていくことが期待される。

本書は、教師の教育実践の参考となるだけでなく、これから教師となることを志望する学生にとっても意味のあるものである。是非、本書を参考に教育実践を行い、教育の改善・充実の取組がさらに進んでいくことを期待したい。

はじめに

シリーズ監修者　富谷 利光

秀明大学学校教師学部教授
秀明大学学校教師学部附属
秀明八千代中学校・高等学校校長

◆資質・能力の育成

　21世紀もすでに5分の1を経ようとしており、世の中の変化は加速度的に増しています。そのような時代の中で、子供たちには未知の状況に対応できる力を身に付けさせることが強く求められております。コンテンツベースから、コンピテンシーベースへの転換です。新学習指導要領もこの方向で整理されていますが、アクティブラーニングの推奨とも相まって、いわゆる「活動あって学びなし」の懸念も再燃しています。現場には、確かな資質・能力を育成する道しるべが必要です。

◆資質・能力の可視化

　秀明大学では、教師教育の必要性から、資質・能力を育成する授業の流れを可視化するための「発問コード」を国語専修で開発しました。学生たちは、指導案の作成や授業実習において、個別の知識についての一問一答を繰り返す傾向にあります。そのような学生たちを「主体的・対話的で深い学び」の指導者に育てるためには、授業の流れを可視化し、授業改善のための意見や指導コメントを一般化する用語体系（コード）が必要でした。「教育目標の分類学（ブルーム・タキソノミー）」等を参考にした発問コードにより、学生たちは一問一答を超える見通しを持って学修に励んでいます。

◆21世紀に求められる知識

　新学習指導要領では、「生きて働く『知識・技能』の習得」が、資質・能力の三つの柱の第一に示されています。ブルーム・タキソノミー改訂版では、知識について【事実的知識（知っている・できる）】【概念的知識（わかる）】【遂行的知識（使える）】のレベルが示されており、「生きて働く『知識・技能』の習得」は、「事実的知識を、概念的知識・遂行的知識にする」と言い換えることができます。秀明学園では、「経験を通して、知識を知恵にする」ことを創立以来実践してきました。個別の知識が概念化され、教科の本質に関わる知恵として備われば、未知の状況にも応用できるようになります。そのためには、実経験が大切だという考え方です。これを発問コードのフレームで可視化して「スキルコード」とし、系

列中学校・高等学校で資質・能力育成の道しるべとしています。

◆ PDCA サイクル

　本学園でも、資質・能力育成への転換は緒に就いたばかりです。定期的に研修授業を行って実践を振り返り、授業改善に取り組んでおり、その際に「スキルコード」が良き道しるべとなっています。本書に収めた実践は教科書の学習を基本としており、決して目新しい方法を提案するものではありませんが、PDCA サイクルを紙上で再現していますので、資質・能力育成への転換の事例として参考になれば幸いです。

◆ スキルコードについて

表1　スキルコード

		知識及び技能	思考力，判断力，表現力等	学びに向かう力，人間性等
		習　得	活　用	探　究
		基礎力 Kスキル	実践力 Pスキル	探究力 Rスキル
知識レベル		対象世界（教科書の内容）		自分軸・他者軸
教科学習	【事実的知識】 知識の獲得と定着 知っている できる	K1 知識を獲得する 確認する 定着させる	P1 別の場面で 知識を獲得する 確認する 定着させる	R1 自分や世の中について 課題を発見する	知識
	【概念的知識】 知識の意味理解と 洗練 わかる	K2 意味内容を理解する 確認する 定着させる	P2 別の場面で 意味内容を理解する 確認する 定着させる	R2 新たな知恵を 獲得・創出する	知恵
	【遂行的知識】 知識の有意味な 使用と創造 使える	K3 知識を使うことで 知識の意味を理解する	P3 別の場面で 知識を使うことで 知識の意味を理解する	R3 知恵によって 自分や世界を変える	
総合・特活	メタ認知的 知識	K4 自分や世界の現状を 理解する	P4 自分や世界の現状を 考える	R4 自分や世界を変える 方略を身に付ける	実経験
教育の目標分類		知識・理解	分析・応用	評価・創造

【横軸】（K、P、R＝認知過程の高まりを示す）

○横軸には、新学習指導要領の資質・能力の三つの柱を置きました。ただし、「知識及び技能」と「思考力、判断力、表現力等」については、学校教育法第 30 条第 2 項において、「思考力、判断力、表現力等」は「知識及び技能」を活用して課題を解決するために必要

な力であると規定されていることから、両者は不可分のものと捉え、境界を点線としています。

○学びの過程では、それぞれ「習得」「活用」「探究」に相当するものとしています。ただし、「学びに向かう力、人間性」は「探究」よりも広いものだと思われますが、探究の方向性を、「自己や社会、世界を望ましい方向へ変えていく」というベクトルにすることで、「学びに向かう力、人間性」を望ましい方向へ向けることができると考えられます。特に、「豊かな創造性を備え持続可能な社会の創り手となること」（総則第1の3）のためには、探究の過程にSDGs（国連が定めた「持続可能な開発目標」）を関連付けることが効果的です。

○横軸の資質・能力を、秀明学園では「基礎力（Kスキル）」「実践力（Pスキル）」「探究力（Rスキル）」と呼称しています。Kは knowledge、Pは practical、Rは research の頭文字です。なお、Rスキルは、当初は探究の方向性を具体的に示す目的で、Gスキル（国際力）とTスキル（伝統力）に細分していましたが（『中学校各教科の「見方・考え方」を鍛える授業プログラム』学事出版、2018年）、教科学習で汎用的に用いるために統合をしました。

○「教育目標の分類学（ブルーム・タキソノミー）」の改訂版[1]における認知過程の6分類では、「知識・理解」「分析・応用」「評価・創造」というように、それぞれ2つずつが概ね相当すると考えています。

【縦軸】（1、2、3 ＝知識の深まりを示す）

○縦軸は、「ブルーム・タキソノミー改訂版」の知識レベルに基づき、知識の深まりを視覚的に表すため天地逆にし、次の表2のようにK1・K2・K3としています。

表2　知識の深まりについて

スキルコード	ブルーム・タキソノミー改訂版	中学校学習指導要領（平成29年告示）解説 総則編	秀明学園
K1	事実的知識（知っている・できる）[2]	個別の知識	知識
K2	概念的知識（わかる）	生きて働く概念	知恵
K3	遂行的知識（使える）	新たな学習過程を経験することを通して更新されていく知識	実経験

○新学習指導要領においては、「知識の理解の質を高めること」が重視されており、「教科の特質に応じた学習過程を通して、知識が個別の感じ方や考え方等に応じ、生きて働く概念として習得されることや、新たな学習過程を経験することを通して更新されていくことが重要となる」と、『中学校学習指導要領（平成29年告示）解説 総則編』で示されています（第3章 教育課程の編成及び実施、第1節3 育成を目指す資質・能力。下線部は筆者）。

○スキルコードでは、「個別の知識」をK1、「生きて働く概念」をK2、「新たな学習過程の経験を通して更新される知識」をK3としています。K3はK2を強化するものという位置付けで、スキルコードはK2の育成を中核に据えています。秀明学園では、**「知恵＝知識＋実経験」**を教育活動の基本方針としており、「生きて働く概念」を**「知恵」**と呼んでいます。

○深い学びとは、知識の面では次のように考えられます。

①個別の知識を概念化して、生きて働く「知恵」にすること。（K1→ K2）

②新たな学習過程での経験を通して、「知恵を確かなものに更新する」こと。

（K2→ K3（→ K2））

○「ブルーム・タキソノミー改訂版」では、「概念的知識を高次の認知過程を経て深く理解することが、『不活性の知識』の問題（学校で学んだことが日常生活で活かせない事態）を解決する上で有効である」[3]と指摘されているそうです。つまり、上記の②の過程（K2→ K3→ K2）あるいは横軸へ広がる過程（K2→ P2→ K2など）を通して、概念的知識＝知恵を深めていくことが、日常生活で活かせる「真正の学び」になり、スキルコードはその道しるべとなるのです。

○4番目の「メタ認知的知識」については、総合的な学習の時間や特別活動で育成するという位置付けにしています。

〈参考資料〉

1）中西千春「ブルームのタキソノミー改訂版『認知プロセス領域の分類』を活用するために」『国立音楽大学研究紀要』第50集、2016年

2）石井英真『今求められる学力と学びとは―コンピテンシー・ベースのカリキュラムの光と影―』日本標準ブックレット、2015年

3）石井英真「『改訂版タキソノミー』によるブルーム・タキソノミーの再構築―知識と認知過程の二次元構成の検討を中心に―」『教育方法学研究』第28巻、2002年

◆学習ロードマップ

このスキルコードをもとに、学習過程を「学習ロードマップ」として可視化しました。

K1	P1	R1
K2	P2	R2
K3	P3	R3

このマップを用いて、本書では学習過程をたとえば次のように示しています。

◇ K1→ P1→ P2→ K2

個別の知識・技能を未知の状況に当てはめ、分析・解釈することを通して法則を見出し、概念化する。

上記が概念的知識獲得の典型例ですが、次のように、知識を使う経験を通して概念は強化され、定着していきます。

◇ K1→ K2→ K3

個別の知識を法則化（概念化）し、その法則（概念）を使うことで法則（概念）の理解を確かなものにする（知識の意味を理解する）。

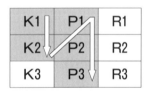

◇ K1→ K2→ P1→ P2→ P3

個別の知識を法則化（概念化）し、未知の別の場面に当てはめて使うことで法則（概念）の理解を確かなものにする（知識の意味を理解する）。

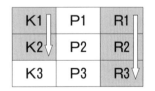

◇ K1→ K2→ R1→ R2→ R3

個別の知識を法則化（概念化）し、教科書の外の世界（自分自身のこと、世の中のこと）の課題を自ら発見してそれに合うように法則・概念を修正し、課題を解決する（実際にはRへ進む際にPを経由することになります）。

いずれの場合でも、K2（概念的知識、知恵）を必ず通るようにすることで、「活動あって学びなし」を回避することができます。また、活動の振り返りの際にはK2に戻り、概念的知識、知恵を確かなものにするという見通しも立ちます。

スキルコードで深める中学校数学科の授業モデル

もくじ

推薦のことば……………………………………………………………………3

はじめに…………………………………………………………………………4
　　◇資質・能力の育成
　　◇資質・能力の可視化
　　◇21世紀に求められる知識
　　◇ PDCA サイクル
　　◇スキルコードについて
　　◇学習ロードマップ

第1部　数学科が目指す、これから求められる「資質・能力」の育成　13

Ⅰ　スキルコードに沿った数学の指導……………………………………14
Ⅱ　各授業モデルの概説……………………………………………………16

第**2**部 スキルコードで深める 数学科の授業モデル

23

実施学年 **1**年

1 学びを愉しむ力 ……………………………………24
（単元：正の数と負の数）

2 数量を文字で表し、事象を方程式として
表現する力 ………………………28
（単元：方程式とその解き方）

3 主体的に判断する力 ………………………32
（単元：平面図形）

4 回転体の意味を理解し、イメージする力 ………36
（単元：空間図形）

5 目的を決めて資料を収集・処理し、
説得力のある判断を行う力 ………………40
（単元：資料の分析と活用）

6 式、グラフなどで考察する力 ………………44
（単元：比例と反比例）

7 図形の性質や関係を論理的に考える力 ………48
（単元：平面図形）

実施学年 **2**年

8 既習を進んで活用する力……………52
（単元：式の計算）

9 発展的に考える力……………56
（単元：連立方程式とその解き方）

10 考えや結論を修正する力……………60
（単元：合同な図形）

11 論理的に推論する力……………64
（単元：三角形）

12 関数の特徴を表・グラフに関連づける力………68
（単元：一次関数）

13 図形の性質や関係を表現する力……………72
（単元：四角形）

14 確率の考え方を理解し、日常生活に用いる力……………76
（単元：確率）

実施学年 3年

15 式を観察し、変形の方法を考え、
実際に行う力 ……………………………………… 80
（単元：因数分解）

16 具体的な作業を通して、無理数の
必要性を発見する力 …………………………… 84
（単元：平方根）

17 相似の証明を行い、自分の考えを
論理的に表現する力 …………………………… 88
（相似な図形）

18 数学に興味・関心をもち、
粘り強く論理的に思考する力 ……………… 92
（三平方の定理の利用）

19 関数を用いて具体的な事象を考察する力 ……… 96
（単元：関数）

20 図形の性質や計量を表現する力 ………………… 100
（単元：円）

21 調査の方法や結果を考察する力 ………………… 104
（単元：標本調査）

おわりに …………………………………………………… 108

執筆者一覧 ………………………………………………… 109

第 **1** 部

数学科が目指す、これから求められる「資質・能力」の育成

I スキルコードに沿った数学の指導

　本書は、知識が広がり、深まる様子を「スキルコード」という記号で可視化し、それを中学校数学科の授業づくりのために役立てるという方法を提案するものであり、その具体的な授業モデルを各学年7つ、計21モデル提示したものである。

　スキルコードの種別を設定する作業は「教育目標の分類学（ブルーム・タキソノミー）改訂版」等を参考に、富谷利光氏（秀明大学学校教師学部附属秀明八千代中学校・高等学校校長）が行い、最終的に以下に述べる3×3の形で配置したものを用いることとなった。

　まず、横軸に左から順に、新学習指導要領の資質・能力の三つの柱に対応する「基礎力（Kスキル）」「実践力（Pスキル）」「探求力（Rスキル）」を配置する。次に、縦軸に上から順に、知識の深まりを表す数字1（事実的知識）、2（概念的知識）、3（遂行的知識）を配置する。これらのK、P、Rおよび1、2、3を組み合わせた3×3の形に知識の深まり・広がりを分類し、それぞれK1〜K3スキル、P1〜P3スキル、R1〜R3スキルと呼ぶこととしている。

数学科におけるスキルコード

	基礎力 Kスキル	実践力 Pスキル	探究力 Rスキル
	教科書・教材		教科書を超える高度な内容、数学史、実世界への応用、数学的パズル・ゲームなど
1．事実的知識 知っている 活動・実験をすることができる	K1 その授業（もしくは単元、学びなど）で前提となる知識・考え方	P1 K1の知識・考え方をもとに行う活動・実験 新たな知識・考え方を得るための準備	R1 （上記のような内容について）知っている 活動・実験をすることができる
2．概念的知識 仕組みを理解し、説明することができる 典型的ではない場面にも対応し、応用することができる	K2 その授業（もしくは単元、学びなど）で得られる新たな知識・考え方、 その授業（もしくは単元、学びなど）の核心	P2 ①P1の活動・実験の発展で、K2の一般的知識・考え方に至るためのきっかけ、ヒント、具体例 ②K2の知識・考え方についての応用問題による習熟	R2 （上記のような内容について）仕組みや背景、本質的なアイデアを（ある程度の範囲で）理解している
3．遂行的知識 身に付いている 他の知識・考え方との関連を理解している 分野や教科を横断して応用することができる	K3 K2の知識・考え方についての反復練習による習熟 他の知識・考え方と結合するために十分準備された状態	P3 K2の知識・考え方について、反復練習（K3）、応用問題（P2）による習熟が十分に行われ、学習者の中でその知識・考え方が適切な位置に収められている状態	R3 （上記のような内容について）仕組みや背景、本質的なアイデアを（ある程度の範囲で）考察することができ、数学のよさを幅広く実感することができる

　数学は積み上げ型の教科であり、ある授業の中で得られた新しい知識・考え方が、次の授業における前提的知識・考え方となるということが一般的に起こる（したがって、学習者は反復練習や応用問題の演習を行うことによって新しく得た知識・考え方を消化し、次の授業に備えなければならない）。数学は、知識・考え方が何層にも積み重なり、しかも複雑に絡み合って、一つの体系を作っているものであるから、知識・考え方の全てについてその広が

り・深まりを絶対的な基準によって表すことは現実的に不可能であり、仮に中学校数学科の範囲に限定して誰かがそれを行ったとしても（量が膨大なものになる上に、人それぞれで評価が異なるであろうから）、それを実際に授業作りに役立てることはできないであろう。

　そこで、本書では、知識・考え方の広がり・深まりを相対的なものと捉え、各授業モデルにおいて単元レベルでのスキルコード（学習ロードマップ）を示すとともに、本時の授業を実施する上でどのような知識・考え方がどのスキルコードに対応すると考えられるかを示す本時案レベルでのスキルコード（本時案ロードマップ）をも、多くのモデルに対して示すこととした。（第2部の授業モデルを参照されたい。また、中学校1〜2年生の授業モデルについては、本部のⅡにも記した。）

　単元レベルでのスキルコード（学習ロードマップ）は単元を概観したものであり、決してその単元を網羅したものではないことをお断りしておく。また、本時案レベルのスキルコードにおけるK1〜K3スキル、P1〜P3スキルについては、おおよそ以下のようなものを想定している。（ある程度の目安であり、厳密なものではない。）

K1：その授業で前提となる知識・考え方

K2：その授業で得られる新たな知識・考え方、その授業の核心

K3：K2で得られた知識・考え方についての反復練習による習熟、
　　　他の知識・考え方と結合するために十分準備された状態の知識・考え方

P1：K1の知識・考え方をもとに行う活動・実験、
　　　新たな知識・考え方を得るための準備

P2：①P1から発展して行う活動・実験で、新たな知識・考え方を得るためのきっかけ、
　　　　ヒント、具体例となるもの、
　　　　K2の知識・考え方として一般化される前段階
　　　②K2で得られた知識・考え方についての応用問題による習熟、
　　　　典型的でない問題に対しても対応できるよう十分準備された状態の知識・考え方

P3：K2で得られた知識・考え方について反復練習による習熟および応用問題による習熟
　　　が十分に行われた状態、
　　　学習者の中で他の知識・考え方との結合が行われ、適切な位置に収められている知
　　　識・考え方

　例えば、一つの授業の進め方として、これまでに学んだ知識・考え方を前提とし（K1）、活動や実験を行い（P1）、考察を経て新たな事実を見いだし（P2）、新たな知識・考え方として一般的な形で整理する（K2）。さらに、そうして得た知識・考え方について反復練習を行う（K3）、条件を変えて考えてみる（P2）、応用問題を解く（P2）というものが考えられるであろう。これはある意味、「発見的な方法によって学ぶ」という一つの授業の型である。

　一方で、これまでに学んだ知識・考え方を前提とし（K1）、新たな知識・考え方を授業者

15

が示し（K2）、速やかに反復練習（K3）、応用問題の演習（P2）、さらに分野横断的な応用問題の演習（P3）へと移っていく進め方も考えられるであろう。こちらはある意味「先人の知恵を効率よく学ぶ」という一つの授業の型である。

　どのように授業を進めるかは、生徒の状況やクラスの状況、学校の状況によって適切に選択されるはずであるが、いずれにしても「K2を外さない」ことがまず重要であると考える。活動や実験で得た知識・考え方を言語によって一般的知識として捉えるということは、ある程度の困難を伴う作業ではあるが、数学を学ぶ上ではやはり避けられないのである。これを避けると「活動あって学びなし」という状態になり、生徒が「機械的に計算して問題を解いているだけで、数学に対してあまり面白みを感じない」という状態に陥ってしまう可能性もある。（もちろん、P1～P2の活動・実験、「手を動かして考える」ということも数学では重要である。要はバランスの問題である。）

II 各授業モデルの概説

　以下ではまず、第2部の中学校1～2年生の授業モデルについて、本時案レベルのスキルコードと関連させながら概説する。

①中1、「学びを愉しむ力」、正の数と負の数（第1時）

　単元の学習ロードマップとは別に、本時案ロードマップも示されている。身の回りにある負の数を思い出すことから始め（K1）、その意味を確認し（P1）、例えば天気予報の「－4」とゴルフのスコアの「－4」の意味の違いを考えさせる（P2）ことを通して、それぞれの状況で基準となる量があること、そして、その基準に対する大小、高低、増減などの比較を表現するために正の数・負の数を用いているということに気づかせる（K2）。さらに、それぞれの状況において基準となる量と正負の向きを決める必要があること、その決め方には自由性があること、共通の基準をあらかじめ定めておくことにより簡潔な表現で情報を共有できることなどにも目を向けさせることができるであろう（K3）。また、現実の社会の中で用いられている正の数・負の数について調査をしたり（R1～R3）、「今月は先月に比べて忘れ物をした回数が－3回増え、テストの点数が－20点下がった」など、負の数を用いたいろいろな表現を考えてみたりすることで、負の数に慣れ親しむことができ、学びを愉しむことができるであろう。

②中1、「数量を文字で表し、事象を方程式として表現する力」、方程式とその解き方（第1時）

　本時案ロードマップは省略されている。箱の中に入っているペットボトルの個数を求めさせる問題を題材に、まず小学校で学んだ方法を使って考えさせる（K1、P1）。次に、前章「文字式」での学習内容を踏まえ（K1）、与えられた条件を、文字式を含む等式の形で簡潔

に表すことができるということを学ぶ（K2）。さらに、おおよその値でよいので方程式の文字にいろいろな値を代入する（もしくは教師から与えられたいくつかの値を代入する）という活動を通して（P1）、その値が与えられた条件に合致している場合に限り、代入した結果の等式が成り立つということ、したがって、代入する値によって成り立つ場合と成り立たない場合があることを理解し（P2）、方程式、方程式の解という用語を理解するに至る（K2、単元全体の中では K1）。クラスの状況によっては、事象を方程式として表すという行為自体に既に意義があること、実際、厳密解を求めることができず、計算機による数値的解法が必要である重要な方程式がいくつも知られていることを紹介し、数学に対する意欲を掻き立てることもできるであろう（R1～R3）。

③中1、「主体的に判断する力」、平面図形（第9時）

単元の学習ロードマップとは別に、本時案ロードマップも示されている。垂線の作図、角の二等分線の作図、正三角形の作図について確認し、作図ができる角度を、まず明確にする（K1）。次に、75°をすでに作図できる角度の和や差の形で式として表し（P1）、例えば、「45°は作図できる」「30°は作図できる」「75°＝45°＋30°である」という三つの知識をもとにして75°の作図方法を考えさせる（P2）。そして、すでに作図の方法を知っている角度は場所を問わずどこにでも作図できるということ、言い換えると、すでに作図した角は任意の場所に移動することができるということ、したがって、すでに作図ができる二つの角度の和や差はまた作図ができるということに気づかせる（K2）。さらに、105°や165°の作図を課題として与えることによって理解を確認し、クラスの状況によっては、現状で作図できる整数の角度の表を作成させることで、整数の性質との関連を見出すこともできるであろう（P3）。また、18°の倍数の角度を作図できることを証明抜きで紹介し、さらに学びを広げることで、数学に対する興味・関心を持たせることもできるであろう（R1～R3）。

④中1、「回転体の意味を理解し、イメージする力」、空間図形（第3時）

単元の学習ロードマップとは別に、本時案ロードマップも示されている。小学校で学んだ円柱、円錐についての特徴および展開図の書き方を踏まえ（K1、P1）、これらがそれぞれ長方形、直角三角形を空間で回転させてできた立体であることをイメージさせる（P2）。ここでは工作物や ICT を利用するなどの方法が考えられるであろう。また、長方形や直角三角形の辺で円柱や円錐の側面を描くものを母線とよぶことを理解させ、敷衍して長方形や直角三角形の頂点や辺などの部分的な図形が、円柱や円錐のどの部分に対応しているかを考えさせる（P2）。そして、円柱や円錐を回転の軸を含む平面で切った切り口や、回転の軸に垂直な平面で切った切り口を考えさせ（P2）、一般の回転体の定義およびその特徴の考察に至る（K2）。さらに、様々な回転体について見取り図をかくポイントをまとめ（K3）、手順に沿って立体を考察させる（P3）。複雑な形や特殊な形の平面図形もしくは自分で考えた平面図形の回転体について考察をさせたり、回転体が現実の社会の中で役立てられていること（「ろくろ」による陶器の製作など）を調査させたりすることもできるであろう（R1～R3）。

⑤中1、「目的を決めて資料を収集・処理し、説得力のある判断を行う力」、資料の分析と活用（第1・2時）

単元の学習ロードマップとは別に、本時案ロードマップも示されている。あらかじめ判断の基準をグループで定め（K1）、そのために必要なデータを集め（P1）、データの特徴を読み取り（P2）、目的に合わせてデータを処理しグラフや表を作成する（K2）。これらのことにより、生徒が、単に平均値など目に付きやすい値の大小を比較して判断するのではなく、他者に対して説得力のある判断をすることができるようにする（K3）。このように主体的に基準を定めて判断する経験を積むことにより、数学が生きた知識となり、さらに高度な課題を解決する力が身に付いていくことにもなろう。また、統計については読みやすい本が数多く出版されているので、生徒に読むよう勧め、主体的な学習を促すこともできるであろう（R1～R3）。

⑥中1、「式、グラフなどで考察する力」、比例と反比例（第4・5時）

本時案ロードマップは省略されている。小学校で学んだ比例に関する学び、文字式、代入、正の数・負の数に関する知識を基礎として（K1）、まず「道のり＝速さ×時間」の関係を比例の式として表す問題に取り組む。関係する数量を見つけ出し、情報をまとめ（P1）、使える公式を確認し、公式に数値および文字をあてはめてxとyの関係を式で表す（P2）。そして、xは負の数も取り得ること、xの変域を負の数にひろげることができることを確認する（K2）。また、yはxに比例するという仮定のもと、一組のx,yの値からyをxの式で表す問題に取り組み（P1～P2）、yはxに比例するという仮定のもとでは（x＝y＝0以外の）一組のx,yの値から比例定数を決定できることを確認する（K2）。1年生のこの段階でK1として前提にしている部分がすでに多く、消化しきれていない部分をいかにフォローしながら授業を進めるかが実践での鍵になるであろう。

⑦中1、「図形の性質や関係を論理的に考える力」、平面図形（第1時）

単元の学習ロードマップとは別に、本時案ロードマップも示されている。小学校で学んだ正三角形、二等辺三角形などの平面図形に関する基本的な知識を踏まえ（K1）、日本の伝統文様である「麻の葉」を描く方法を考える問題に取り組む。尻込みをしてしまう生徒が出てくることも考えられるが、頂点や辺に注目することにより、一見複雑に見える図形も、実は単純な要素に分解できるということに気づかせることが最も重要である（K2）。このように複雑なものを単純なものに分解するという分析の力は、もちろん平面図形だけではなく、数学におけるあらゆる場面においてこの先求められるものであり、数学以外の場面でも生かすことのできる「知恵」である。続いて、作図するという目的に合わせてこの分析を整理し、実際に作図し（P2）、作図の手順を他者に対して論理的に説明する訓練をする（P3）。他の伝統文様についても同様に考察し、さらに、文様の意味や由来について調査をすることで教科横断的な学習にもつながる（R1～R3）。また、コンピュータの利用という方向にも学びをひろげることができるなど、クラスの状況によって様々なアレンジが可能な教材であると言

える。

⑧中２、「既習を進んで活用する力」、式の計算（第７時）

　単元の学習ロードマップとは別に、本時案ロードマップも示されている。１年次での文字式についての学びを踏まえ（K1）、２桁の自然数と、その数の一の位の数字と十の位の数字を入れ替えた数を考え、それらの和が11の倍数になるという問題に取り組む。まずは具体的な数でいくつか計算して確認する（P1）。クラスの状況によっては11の倍数になるということを伏せておいて、ここで生徒に類推させ、主体的な活動を促すのもよいであろう。次に、二つの文字を用いてはじめの２桁の自然数を表し、一の位の数字と十の位の数字を入れ替えた数も表して、和が11の倍数であることを確認する（P2）。そして、文字を用いて説明することの普遍性、簡潔性に触れるとともに、１年次で既習であった文字式の計算を活用し、より深めたことでその有用性が増したことを確認する（K2）。また、和のかわりに差を考えた場合など他の問題にも取り組み定着を図る（P2）。カレンダーからいろいろと規則を見いだす課題（R1〜R3）は興味深いであろう。

⑨中２、「発展的に考える力」、連立方程式とその解き方（第３時）

　本時案ロードマップは省略されている。小学校で学んだ共通部分を消去して求めるという考え方、１年次で学んだ１次方程式の学び、特に等式の性質を踏まえて（K1）、連立１次方程式の問題に取り組む。文字式の意味・記法・計算と等式の性質についてしっかりと理解している生徒であれば、自力で手法を発見することも可能なはずである（P1〜P2）（もちろん、生徒の状況によってはフォローを行う必要があるが、石井教諭が述べているように、生徒達にある程度自力で取り組ませること、そのためには、多少の失敗は気にせず、生徒の力を信じて気長に待つことも必要であろう。数学は失敗し反省する過程から学ぶことも非常に多い）。そして、文字を消去し既習の１次方程式に帰着させて解くことができるということに気付かせる（K2）。連立１次方程式の理論は歴史が古く（古代中国の『九章算術』など）、また、画像処理、CTスキャン、人工知能など日常生活の多くの場面で活用されている。調査する課題を与えるのも面白いであろう（R1〜R3）。

⑩中２、「考えや結論を修正する力」、合同な図形（第３時）

　本時案ロードマップは省略されている。合同に関する前時までの学びを踏まえて（K1）、与えられた二つの合同な四角形について辺の長さや角の大きさを求める問題に取り組む。まず、実際に用紙を切って用意しておいた合同な図形で実験し（P1）、頂点の対応を確認する（P2）。そして、対応する頂点を周にそって同じ順に書いて合同を記号で表し、形式的な操作によって四角形の一部である辺や角の対応を調べることができることを確認する（K2）。生徒達にある程度自力で取り組ませること、そのことにより粘り強く考える力、考えや結論を修正する力を養うことが大切であろう。

19

⑪中2、「論理的に推論する力」、三角形（第5時）

単元の学習ロードマップとは別に、本時案ロードマップも示されている。二等辺三角形の定義、二等辺三角形に関する性質とその証明、その他の基本的な既習事項を踏まえ（K1）、紙テープを折ったときにできる重なった部分の三角形について考察する問題に取り組む。まず、重なった部分の三角形ABCが二等辺三角形になることを予想する（P1）。次に、平行線の性質や折り目になっている辺BCが角ABDの二等分線になっていることを用いて、三角形ABCの底角が等しいことを見出す（P2）。そして、「底角が等しい三角形は二等辺三角形か」という問いを立て、仮定と結論を明確にし、その証明を考える（K2）。証明を考える過程には、「二等辺三角形の底角は等しい」という定理を証明するために考えた頂角の二等分線を、この場合には使えないか検討してみるということが含まれるであろう。さらに、定理の逆という概念を理解し、他の定理についてその逆を述べてみる、その真偽について検討するという活動に取り組む（K3、P3）。底角が等しい三角形は二等辺三角形であるという定理について、ユークリッドの『原論』で述べられている証明（平行線公理や三角形の内角の和が二直角であるという定理を用いない証明、ただし背理法を用いる）などの、他の証明について調べたり鑑賞したりするという探求的活動も考えられるであろう（R1～R3）。

⑫中2、「関数の特徴を表、グラフに関連づける力」、一次関数（第15時）

単元の学習ロードマップとは別に、本時案ロードマップも示されている。単元の中で学んできた一次関数についての学びを踏まえて（K1）、単元のまとめとして携帯電話の料金プランを検討する問題に取り組む。題材が非常に現実的であり、生徒の興味・関心をひくであろう。まず問題文を読み取り、条件を確認し、この時点でどちらを選ぶか意見を述べる（P1）。「1分ごとに40円」、「1分につき60円」という言葉から、一次関数を利用できることにすぐに気付く生徒もいるかもしれない。続いて、目標を確認し、検討するための手段を考えて見通しを立て、「式を立てる」「グラフをかく」「グラフから特徴を読み取る」というプロセスを実行する（K2）。また、仮の通話時間をいくつか設定してプランを選ばせることにより理解を確認する（P2）。そして、明確な根拠となる式やグラフを元にしてプランを選ぶことができるようになったことを確認する（K3）。この教材の例のように一次関数で表される事象は、現実の社会においても多数存在する。生徒に調査・検討を促すことで主体的な学習の場とすることができ、数学を苦手とする生徒の苦手意識の克服にもつながるであろう（R1～R3）。

⑬中2、「図形の性質や関係を表現する力」、四角形（第1・2時）

本時案ロードマップは省略されている。これまでの平面図形に関する学び、特に平行四辺形の定義およびすでに証明済みの平行四辺形の性質の一部を踏まえて（K1）、平行四辺形の別の性質「平行四辺形では、対角線はそれぞれの中点で交わる」の証明を考える。まず、仮定と結論を式で書き、図をできるだけ大きく、正確にかく（P1）。次に、「結論の長さとなる辺を含む合同な三角形を探す」、「平行線の錯角や同位角を探す」、「今までに習った定理を利用する」などの（図形問題において汎用性の高い）方針・コツを用いながら、証明を図の

中で行い、発表し、証明を記述するための見通しを立てる（P2）。そして、証明を記述する（K2）。図で証明して発表することと、その証明を記述することとを、はっきりと分けて指導することによって、困難の切り分けを行い、それぞれの困難に対して適切な指導を行っていくことが大切であろう。また、直感的には当たり前に見えることに対して証明を与えることの意義について、生徒がきちんと理解できるよう、例を出すなどして指導することも大切であると言えるだろう（K3）。

⑭中２、「確率の考え方を理解し、日常生活に用いる力」、確率（第１・２時）

単元の学習ロードマップとは別に、本時案ロードマップも示されている。第１時では、ホエールウォッチングの会社２社の出航回数と遭遇回数についてのデータ（A社：40回中37回、B社：360回中342回）を検討する問題に取り組む。「クジラに遭遇できなかった回数はA社は３回だけ、一方のB社は18回もあったということから、A社を選ぶ」という意見も有り得ることを注意した上で、出航回数に対する遭遇回数の割合を確認する（K1）。また、ここでデータの総数の大きさの違いにも着目し、野球の打率などの例も引き合いに出して、信頼性という視点を導入する（K2）。そして、どちらの会社が信頼できそうか、その理由について改めて考える（P1）。なお、上のデータではB社の方が割合が高く、データの総数も多く信頼性が高いため、B社の方が優れているという意見が多く出そうであるが、もしB社の遭遇回数が360回中330回であった場合には、A社の方が割合がわずかながら高くなるため、どちらを選ぶかについて意見が分かれることであろう（P2）。続いて第２時では、ペットボトルのキャップを投げるとき「表向きになる」場合と「それ以外になる」場合では、どちらがどれくらい起こりやすいか検討するという問題に取り組む。前時での学びにより、多数回の試行が必要であることについて生徒の同意が得られるであろう。実験を行って表やグラフを作成し（P1〜P2）、投げた回数が多くなるにつれて相対度数の変動の幅が小さくなることを確かめることによって、事柄の起こりやすさ、確率を生徒は実感できる（K2）。

また、中学校３年生の授業モデルは以下の７つである。

⑮中３、「式を観察し、変形の方法を考え、実際に行う力」、因数分解（第12時）

⑯中３、「具体的な作業を通して、無理数の必要性を発見する力」、平方根（第１時）

⑰中３、「相似の証明を行い、自分の考えを論理的に表現する力」、相似な図形（第５時）

⑱中３、「数学に興味・関心をもち、粘り強く論理的に思考する力」、三平方の定理の利用（第７時）

⑲中３、「関数を用いて具体的な事象を考察する力」、関数（第１時）

⑳中３、「図形の性質や計量を表現する力」、円（第１・２時）

㉑中３、「調査の方法や結果を考察する力」、標本調査（第１・２時）

いずれも興味深い授業モデルである。特に、⑯⑱には数学史や和算の話題が記されており、数学的にも豊かな内容が含まれている。⑮⑰には生徒の問題解決能力を育成するための配慮が多く含まれている。また、⑲⑳では関数 $y = ax^2$、円という教材の内容を生徒にわかりやすく生き生きと提示するための工夫がなされている。そして、㉑はアメリカ大統領選挙に関する世論調査を題材に標本調査を扱っており、生徒の興味・関心を強くひくことであろう。

［西村 治、岡野浩行］

第**2**部

スキルコードで
深める数学科の
授業モデル

育てる **資質・能力**

学びを愉しむ力

実施学年
1年

単元名▶ **正の数と負の数**

1 実践の概要··

(1) 資質・能力の概要

　小学校算数科においては、整数、小数および分数についての四則の意味を理解できるようにするとともに、計算する能力を伸ばしている。また、整数、小数および分数について、数としての理解を深める。中学校数学科において数の範囲を正の数と負の数にまで拡張していく考え方を理解し、数の概念についての理解を深め、さらに、数の集合と四則計算の可能性が拡大されることに気づくようにする。また、正の数と負の数を用いることによって、数量を統一的に表現し、物事を今までよりも広く考察することができるようにする。

(2) 単元目標

・正の数と負の数の必要性と意味を理解すること。　　　　　　　　　　（関心・意欲・態度）

・小学校で学習した数の四則計算と関連付けて、正の数と負の数の四則計算を理解すること。

　　　　　　　　　　　　　　　　　　　　　　　　　　　　　　（数学的な見方や考え方）

・正の数と負の数の四則計算をすること。　　　　　　　　　　　　　（数学的な技能）

・具体的な場面で正の数と負の数を用いて表したり処理したりすること。

　　　　　　　　　　　　　　　　　　　　　　　　　（主体的に学習に取り組む態度）

(3) 学習ロードマップ

K1	P1	R1
K2	P2	R2
K3	P3	R3

K1：正の数と負の数が身近に使われていることを知る。

K2：正の数と負の数について、加減乗除の計算の原理について納得する。

K3：正の数と負の数を用いることによって、負の数を知らなかったときの計算が、自然に拡張できることを理解する。

P1：反対の意味をもつ言葉について、正負の概念を入れられるかについて考えられる。

P2：正の数と負の数について、加減乗除の計算ができる。

P3：正の数と負の数を用いることによって、負の数を知らなかったときの計算が、自然に拡張できるものを見つける。

24　　第2部　スキルコードで深める数学科の授業モデル

(4) 単元計画

第1、2時　正の数と負の数

①正の数と負の数の表し方と意味を理解する。

②数の大小を比べられる。

③絶対値の意味を理解する。

第3、4時　加法と減法

①正負の数の加法と減法の計算方法を理解する。

②交換法則と結合法則の使い方を覚える。

③かっこをはずす方法を覚える。

第5、6時　乗法と除法

①乗法と除法の計算方法を理解する。

②累乗と指数の計算を解けるようにする。

③乗除の混じった計算をできるようにする。

第7、8時　四則混合

①四則混合の計算の手順を理解する。

②分配法則を利用した計算を解けるようにする。

第9、10時　正負の数の利用

①数の集合の枠組みを理解する。

②正負の数の性質から正負の判定をできるようにする。

③仮平均を用いた平均値の求め方を理解する。

2 実践のポイント……………………………………………

　身の回りにある「−」のついた数を見つけ、それらが何を表しているのかを考える。「−」の付いた数について、疑問を引き出し、その意味を考える動機付けにつなげる。さらに「基準となる量」を確認させ、理解を深め、「基準となる量」をもとに「−」を用いて、いろいろな数量が表されていることに気づかせる。

3 本時の展開(第1時)……………………………………

(1) 本時案ロードマップ

K1	P1	R1
K2	P2	R2
K3	P3	R3

K1：身の回りの負の数を思い出す。

P1：身の回りの負の数の意味を確認する。

P2：同じ数でも意味が違うことを確認する。

K2：基準となる量があることを理解する。

K3：基準となる量を利用して別の量を表現できる。

学びを愉しむ力／正の数と負の数／実施学年1年　25

「-」のついた数は、どんなことを表しているか考えてみよう。

(2) 学習課題の理解

身の回りにある「-」のついた数を発表する。

・新聞やテレビの天気予報やスポーツコーナーなどで見つけた数を発表させることで、負の数を用いた表現が身近にたくさんあることに気づかせる。「-」のついた数が何を表しているのかを生徒が紹介した「-」の付いた数をもとに考える。全て同じではないことに気づかせる。

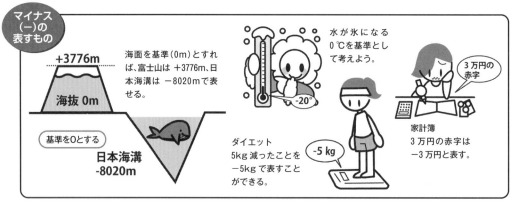

(地域教材社『中学数学資料集 数学の泉 改訂新版』21頁参照)

(3) 問題解決

天気予報の「-4」とゴルフのスコアの「-4」の違いについて考える。

・同じ「-4」なのに基準が違うから同じ「-4」でも、表していることは違う。「-4」という表現でも、それぞれの場合で「-4」が何を表しているのかを考えさせ、「基準となる量」があることに気づかせる。天気予報の「-4」は0度が基準となっているが、ゴルフのスコアは72打が基準となっている。そのため、同じ数でも違うものを表していることに気づかせる。

(4) まとめ

「基準となる量」をもとに「-」を用いていろいろな数量が表されていることを振り返る。

・負の数の意味や負の数の計算について考えさせることで、計算方法について疑問を引き出し、単元全体への動機付けにつなげる。

問　横浜マリンタワーを基準とすると、それぞれのタワーは何mと表すことができますか。

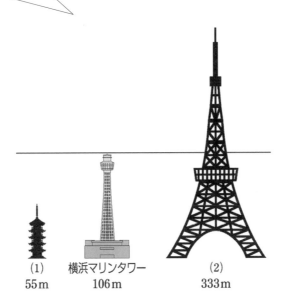

4 授業改善の視点……………………………………………

　「数学」という教科の第一歩としての授業で、算数と数学の違いを理解させるまでにはいたらないまでも少なからず、数学とはどのような学問なのかは感じられたのではないだろうか。数学嫌いにならないようにすることが、この授業で一番大事なのかもしれない。今回は身の回りにある負の数を紹介するところから始まり、たくさんの負の数が身の回りに存在することが実感できたことはよかった。さらに「基準となる量」があることに気づかせることによって、絶対値や仮平均という考え方をスムーズに受け入れられる態勢を作ることができた。

［竹内潤平］

育てる 資質・能力

数量を文字で表し、事象を方程式として表現する力

実施学年
1年

単元名▶方程式とその解き方

1 実践の概要

(1) 資質・能力の概要

　学習指導要領では「方程式について理解し、一元一次方程式を用いて考察することができるようにする。」とある。方程式とは、変数を含んだ相等についての条件を表した等式であり、方程式の解は、その条件を満たす値である。小学校では、○や□などを用いて数量の関係を表したり、それにあてはまる値を調べたりしている。そのような学習の過程で、簡単な式について、□にあてはまる値を求めることを経験している。しかし、そこではいわゆる逆算によって求めているので、等式という意識は弱い。中学校1年では、文字式の学習の上に立って、方程式とその解の意味を理解し、また、一元一次方程式を解く方法を考えることになる。そのためには、特に次のことを意識して指導にあたる必要がある。

・方程式を解くことを通して、「等式の性質」という基礎・基本にあたる内容を定着させる。
・等式の性質を発展させ、移項を理解させることで、形式的に方程式を解く良さをわからせる。
・文章題を通して、方程式の有効性を知らせ、方程式を用いることができるようにする。

(2) 単元目標

・方程式の必要性と意味及び方程式の中の文字や解の意味を理解する。　　　　（知識・技能）
・等式の性質を基にして、方程式が解けることを知る。　　　　　　　　（思考・判断・表現）
・一元一次方程式の解法に習熟し、それを具体的な場面で活用する。

（主体的に学習に取り組む態度）

(3) 学習ロードマップ

K1	P1	R1
K2	P2	R2
K3	P3	R3

K1：方程式、方程式の解の意味を理解している。
K2：方程式を解くことを理解し、等式の性質を用いて方程式を解くことができる。
K3：文章問題を方程式を用いて解くことができる。その際に、解が妥当であるかの判断ができる。
P1：ある数が方程式の解であるかどうかを確かめることができる。

28　第2部　スキルコードで深める数学科の授業モデル

　　　　P2：方程式を解くことを理解し、工夫して方程式を解くことが
　　　　　　できる。
　　　　P3：方程式を解くことによって状況が妥当であったり妥当では
　　　　　　なかったりするような文章問題を作成できる。

（4）単元計画

第1時　方程式やその解の意味を理解し、ある数が方程式の解であるかどうかを確かめる。

　①ある数が方程式の解であるかどうかを確かめる。

　②方程式、方程式の解、方程式を解くことの意味を説明する。

第2時　等式の性質を理解し、簡単な方程式を解く。

　①等式の性質を使って、方程式を解く方法を考える。

　②等式の性質を理解する。

第3時　等式の性質を用いて方程式を解く。

　等式の性質を使って簡単な方程式を解くことができる。

第4時　移項の意味を理解し、移項によって方程式を解く。

　移項が等式の性質を基にしていることを説明する。

第5時　移項によって方程式を解く。

　移項して方程式を解くことができる。

第6時　かっこを含む方程式を解く。

　かっこを含む方程式を解くことができる。

第7時　分数や小数を含む方程式を解く。

　両辺を何倍かすることにより、小数や分数がなくなることを理解する。

第8時　一次方程式を解く手順をまとめ、計算練習を行う。

　方程式を解く手順に従って方程式を解くことができる。

2 実践のポイント……………………………………………

　文字を含む式から文字の値を求める方法を理解し、これを用いることによって、実際の問題を形式的、能率的に処理できることを知り、さらにその方法が活用できるようにする。

　①方程式とその解の意味について理解できるようにする。

　②等式の性質を見いだし、それを利用して式を変形することで方程式を解けることを知ることができるようにする。

　③一元一次方程式の解法を理解し、その方法に習熟できるようにする。

　④比例式を解くことができるようにする。

　⑤方程式を問題解決に利用することができるようにする。

3 本時の展開(第1時)······························

　以下の課題を提示し、学習に取り組んだ。(東京書籍『新編　新しい数学』p83を基に作成)

Q 調べてみよう ────────────────────────

　ゆうとさんは、1つの箱に、ペットボトルのキャップが何個入っているのかを、重さをはかって調べることにしました。

　キャップ1個の重さは2gで、1つの箱の重さは2kgありました。

　また、箱だけの重さは400gありました。

　1つの箱には、ペットボトルのキャップが何個入っているでしょうか。

---

(1) 小学校で学んだ方法を使って考えさせる

線分図で考えてみよう。

・実際に箱、ペットボトルのキャップを用意したり、重さの関係を表す絵を提示したりすることにより、問題場面が把握できるようにする。

・線分図を描き、逆算によってペットボトルのキャップの個数を求める算数の解法を思い出させるようにする。

(2) キャップの個数を x 個として、重さの関係を等式として書かせる

文字を使って等式を考えてみよう。

・前章「文字式」での学習を思い出したり、言葉の式に当てはめて考えたりするように助言することにより、文字を使って重さの関係を等式に表すことができるようにする。

・(キャップだけの重さ) + (箱だけの重さ) = (1つの箱の重さ) という関係式が成り立つことになる。

(3) 文字をふくむ等式の文字にあてはまる値を求めさせる

$2x + 400 = 2000$……①が成り立つ x を求めてみよう。

・方程式とその解に関心をもち、その必要性と意味を考えたり、様々な数を代入したりするなどして、自分なりの方法で解を求めさせる。

・事象の中には方程式で表されるものがあることを知り、その解の意味を考えさせる。

・おおよその値でよいのでいろいろな値を代入させる。

・自分で求めることのできない生徒には、上の①の等式$2x + 400 = 2000$でxの値が500、600、700、800、900、1000のときの左辺の値を求めさせる。

・式のなかの文字に代入する値によって、成り立ったり、成り立たなかったりする等式を方程式とよぶということを理解させる。

・方程式を成り立たせる文字の値を方程式の解とよぶということも理解させる。

4 授業改善の視点……………………………………………………

　まだわかっていない数を求めるために、小学校で学んだ方法を振り返るとともに、これから学ぶ方程式によって、それが一般的に処理できるようになることへの興味・関心をもてるような授業展開を心がけた。今後も、生徒が数学に対して興味・関心をもち、生活や学習に数学を積極的に生かせるようになるような授業展開をしていきたい。

［神野　護］

数量を文字で表し、事象を方程式として表現する力／方程式とその解き方／実施学年1年

育てる 資質・能力

主体的に判断する力

実施学年
1年

単元名▶**平面図形**

1 実践の概要··

(1) 資質・能力の概要

　小学校算数科においては、ものの形についての観察や構成などの活動を通して、図形についての感覚を豊かにし、基本的な平面図形について理解できるようにしている。中学校数学科では、小学校算数科に引き続いて、図形に関する観察、操作や実験などの活動に基づく直観的な取り扱いを中心に、平面における図形の基本的な性質や構成について理解を深める。

(2) 単元目標

知識・技能	平面図形の性質や考え方、また様々な事象を平面図形として捉え、数学的に考え表現することに関心をもち、問題の解決に数学を活用して考えたり判断したりしようとしている。
思考・判断・表現	角の二等分線などの基本的な作図の方法を見通しをもって考えたり、それらを活用していろいろな作図の方法を見出したりすることができる。
数学的技能	・定規やコンパスを作図の道具として正しく使うことができる。 ・基本的な作図ができる。 ・定規やコンパスなどを使って、図形を平行移動したり、対称移動したり、回転移動したりすることができる。 ・おうぎ形の弧の長さと面積を求めることができる。
知識・理解	・作図の方法を理解している。 ・円の半径と接線との関係、弧や弦の意味を理解している。 ・平行移動、対称移動および回転移動の意味を理解している。 ・図形を移動したり、移動した図形を描いたりする方法を理解している。 ・おうぎ形の弧の長さと面積の求め方を理解している。

32　　第2部　スキルコードで深める数学科の授業モデル

(3) 学習ロードマップ

K1	P1	R1
K2	P2	R2
K3	P3	R3

K1：「作図」という専門用語が表す内容について理解する。

K2：線分の垂直二等分線、角の二等分線、垂線の作図方法の原理を理解し、作図できる。

K3：扇形の弧の長さや面積を求める際に、比例の原理が用いられていることを理解する。

P1：定規とコンパスについて、作図に使用できる使い方を理解し、実際に作図する。

P2：線分の垂直二等分線、角の二等分線、垂線の作図方法を組み合わせて様々な作図に挑戦する。

P3：境界が直線だけではなく扇形の弧も境界の一部である図形の周の長さや面積を求められる。

(4) 単元計画

第1、2時　直線と角について考える。

①直線、線分、半直線や角の定義及び表し方を知り、2点間の距離について調べる。

②垂直な2直線、平行な2直線の意味と表し方を知り、点と直線、直線間の距離について調べる。

第3、4、5時　図形の移動を考える。

①平行移動の定義を示し、平行移動した図を描き、性質を調べる。

②回転移動の定義を示し、回転移動した図を描き、性質を調べる。

③対称移動の定義を示し、対称移動した図を描き、性質を調べる。

④3つの移動を組み合わせたものについて考える。

第6、7、8、9時　基本の作図について考える。

①垂直二等分線の作図をする。

②角の二等分線の作図をする。

③垂線の作図の方法を考える。

・直線上の1点からこの直線に垂線を引く。

・直線上にない1点からこの直線に垂線を引く。

④基本の作図を利用して、いろいろな図形の作図をする。

第10時　円とおうぎ形の性質について考える。

①円の弧、弦、中心角の意味を知り、表し方を理解する。

②円と直線との位置関係を調べ、円の接線の性質を理解する。

③おうぎ形の意味を知り、表し方を理解する。

第11時　円とおうぎ形で、円周角や弧の長さ、面積について考える。

①円の周の長さと面積を、πなどの文字を使った公式で表し、公式を使って求める。

②おうぎ形の弧の長さと面積を求める（公式を導く）。

主体的に判断する力／平面図形／実施学年1年

2 実践のポイント・・

　基本の作図の学習がすべて終わっている状況で最後のまとめとして、今回の課題に取り組む。垂線の作図、角の二等分線の作図について確認をし、作図ができる角度を明確にする。そして、それらを利用して、問題解決へアプローチをしていくことが本単元の「知恵」である。75°を作図できる角度の和や差に分けることができるかどうかがポイントである。

3 本時の展開(第9時)・・

(1) 本時案ロードマップ

K1	P1	R1
K2	P2	R2
K3	P3	R3

K1：角の二等分線や垂直二等分線の作図ができる。

P1：75°を二つの角度の和や差の形で式として表現する。

P2：15°や60°などの作図を用いて、75°の作図ができる。

K2：角が移動できることに気づき、二つの角度の和や差を作図できることに気づく。

P3：105°などの角度を同様に作図できる。

R1：他の考え方との違いに気がつく。

　以下の課題を提示し、学習に取り組んだ。(東京書籍『新編　新しい数学』p163を基に作成)

75°の角を作図してみよう。

---

(2) 作図できる角度は？

どの角度なら作図ができるか考えよう。

・90°、60°、45°は正三角形や直角の二等分線で作図ができそうだ。

(3) 75°の角を作図する

どの角度の組み合わせで75°を作図できるか考えよう。

・「75°＝45°＋30°」、「75°＝15°＋60°」など75°をどのようにして組み合わせれば作図できるか方針を立て、作図の手順を考える。

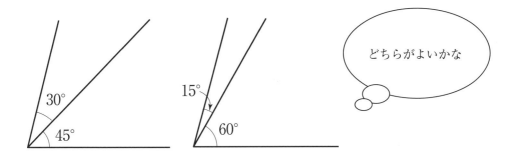

(4) 他の人の考え方との比較をする

他の方法でも作図できるか確かめよう。

・違う方法の作図を確認し、自分も同じように作図ができるか学びを深める。一つのことを多角的にみることの重要性に触れる。

4 授業改善の視点……………………………………………

　今回の授業は垂線の作図、角の二等分線の作図など今まで学習した内容を使っていかに新しい課題に取り組むかという点が大事であった。逆に言うと作図をきちんと理解していない生徒にとっては手も足も出ない内容になった。到達度によっては垂線の作図や角の二等分線の作図は授業の冒頭でおさらいするとより効果的であろう。今まで学習した内容を用いて新たな課題を解決するということは、今後、数学の問題を解く上で重要なファクターとなり、社会に出てからも生かせる大切な考え方である。そういう経験ができたことはとてもよかった。他の人の解答と比較をして、よいところを見つける時間をもっととると、より深い学びができたのではないかと思う。

［竹内潤平］

育てる 資質・能力

回転体の意味を理解し、イメージする力

実施学年 **1年**

単元名▶空間図形

---

1 実践の概要……………………………………………………

(1) 資質・能力の概要

　本単元「空間図形」の学習では、観察や実験などの活動を通して、図形に対する直感的な見方や考え方を深めるとともに、論理的に考察し表現する能力を培うことをねらいとしている。

　小学1年生では、身近な立体について観察し、分類などを通して物の形を次第に抽象化し、図形として捉えていく。2年生では、図形の構成要素に着目し立体図形を扱い、3年生では球について学ぶ。5年生までに、立方体、角柱、円柱を扱い、見取図や展開図をかくことを通して立体図形についての理解を深めてきている。

　中学1年生では、立体図形として扱っていた対象を空間図形、すなわち、空間における線や面の一部を組み合わせたものとして捉え、学習していくことになる。具体的には次の3点である。

・空間における直線や平面の位置関係を知ること
・空間図形を直線や平面図形の運動によって構成されるものと捉えたり、空間図形を平面上に表現して空間図形の性質を読み取ったりすること
・おうぎ形の弧の長さと面積並びに基本的な柱体、錐体及び球の表面積と体積を求めること

(2) 単元目標

・空間図形についての性質や関係、空間における図形の位置関係などを理解する。また、空間図形を見取図、展開図、投影図によって適切に表現し、図形の計量をしたりする。

(知識・技能)

・空間図形についての基礎的・基本的な知識及び技能を活用しながら、事象を見通しをもって論理的に考察し表現したり、その過程を振り返って考えを深める。(思考・判断・表現)
・様々な事象を空間図形で捉えたり、それらの性質や関係を見いだしたりする。

(主体的に学習に取り組む態度)

36　　第2部　スキルコードで深める数学科の授業モデル

(3) 学習ロードマップ

K1	P1	R1
K2	P2	R2
K3	P3	R3

K1：2直線の関係、2平面の関係、直線と平面の関係や、この単元で出てくる用語について理解する。

K2：空間図形を、立体図や展開図などで表現したときにどのように表されるかを理解する。

P1：2直線の関係、2平面の関係、直線と平面の関係について、具体的に立方体や直方体の辺や面について位置関係を説明できる。

P2：空間図形の体積や表面積、底面積をさまざまな図を用いて計算できる。

(4) 単元計画

第1時 身の回りの立体に関心をもち、それらを観察し、分類・整理する。

①いろいろな立体の特徴を調べたり、共通点や相違点を見つけ説明する。

②作った立体の見取図をかいたり、正多面体の辺の数や頂点の数を調べる。

③多面体、角錐、円錐の意味やそれぞれの立体の特徴を理解する。

第2時 空間における直線や平面の位置関係を考える。

①空間における直線や平面の位置関係について、どのような場合があるかを考える。

②空間における直線や平面の位置関係を、用語を用いて説明する。

第3時 直線や平面の運動によって、どのような空間図形が構成されるかを考える。

①柱体や錐体、球などが、直線や平面図形の運動によって構成されていることを理解する。

②直線や平面図形の運動によって構成された空間図形を、見取図に表したり、母線や回転体などの用語を用いて説明する。

③直線や平面図形の運動によって空間図形が構成されることを理解する。

④母線、回転体の意味を理解する。

第4時 展開図の意味や空間図形を展開図に表す方法を理解する。

①おうぎ形の弧の長さや面積と中心角の関係を理解する。

②空間図形の展開図をかいたり、展開図がどのような空間図形を表しているのかを読み取ったりすることができる。

第5時 空間図形を投影図に表し、空間図形の性質を読み取る。

投影図の意味や、空間図形を投影図に表す方法を理解する。

2 実践のポイント……………………………………………

観察、操作や実験などの活動を通して、空間図形についての理解を深めるとともに、図形の計量についての能力を伸ばすようにする。

①空間における直線や平面の位置関係を理解することができるようにする。

②空間図形を直線や平面の運動によって構成されるものと捉えたり、空間図形を平面上に

表現して、平面上の表現から空間図形の性質を読み取ったりすることができるようにする。

③おうぎ形の弧の長さと面積並びに基本的な柱体、錐体及び球の表面積と体積を求めることができるようにする。

3 本時の展開（第3時）

(1) 本時案ロードマップ

K1	P1	R1
K2	P2	R2
K3	P3	R3

K1：柱体と錐体の区別ができ、その特徴を正しく言うことができる。
P1：円柱、円錐の特徴を理解し、展開図をかくことができる。
P2：平面図形と回転の軸から回転体の見取図をかくことができる。
K2：立体の名前や名称を正しく言うことができる。
K3：面を動かしてできる立体の特徴や名称を表現できる。

以下の課題を提示し、学習に取り組んだ。（東京書籍『新編 新しい数学1』p186を基に作成）

Q 調べてみよう

長方形ＡＢＣＤや直角三角形ＡＢＣを、それぞれ直線ℓを軸として1回転させると、その通ったあとは、どんな立体になるでしょうか。
また、辺ＡＢが通ったあとは、それぞれの立体の何になるでしょうか。

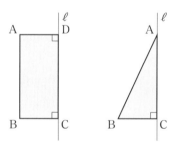

(2) 回転体の意味を身の回りの立体と関連させて理解させる

平面図形を回転させてできる立体をイメージさせる。

・円柱や円錐は、それぞれ長方形や直角三角形を空間で回転させてできた立体と考えさせる。
・このとき、円柱や円錐の側面をえがく辺ABを、円柱や円錐の母線とよぶということを理解させる。

(3) 回転体の定義を考えさせる

> 円柱や円錐を、回転の軸を含む平面で切ると、その切り口はどんな形になるか考えてみよう。
> また、回転の軸に垂直な平面で切るとどうなるか考えてみよう。

・円柱や円錐のように、1つの直線を軸として平面図形を回転させてできる立体を回転体とよぶということを理解させる。
・回転体を回転の軸を含む平面で切ると、その切り口は回転の軸を対称の軸とする線対称な図形となることに気付かせる。
・球は、半円をその直径を軸として回転させてできた回転体であることも理解させる。

(4) 様々な回転体は、それぞれどのような平面図形を回転させてできたものかを考えさせる

> 東京書籍『新編 新しい数学1』187ページのたしかめ②、問3を解いてみよう。

 たしかめ② 右の四角形 ABCD で、∠BCD, ∠ADC は直角です。この四角形を、辺 CD を軸として回転させてできる立体の見取図をかきなさい。

問3 下の(1), (2)の回転体は、それぞれどんな平面図形を回転させてできたものと考えられますか。

(1) 　(2)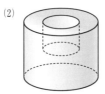

・見取図をかくポイントをまとめ、手順に沿って立体を考察させる。
・回転後の立体がイメージでき、基本的な空間図形の見取図をかくことができるようにする。
・複雑な形や特殊な形の平面図形の回転体や自分で考えたいろいろな平面図形の回転体の見取図をかくことができるようにする。

4 授業改善の視点

　空間図形の単元に限らず、第1学年の学年目標である「数学的活動の楽しさや数学のよさに気付いて粘り強く考え、数学を生活や学習に生かそうとする態度、問題解決の過程を振り返って検討しようとする態度、多面的に捉え考えようとする態度を養う」ためにも、生徒に考えさせる時間を多くとれるような授業展開を今後も常に考えていかなければならないと思った。

[神野　護]

育てる資質・能力

目的を決めて資料を収集・処理し、説得力のある判断を行う力

実施学年
1年

単元名▶**資料の分析と活用**

1 実践の概要

(1) 資質・能力の概要

　生徒は小学校で様々なグラフを学習し、資料の平均にとどまらず、散らばりの様子を調べるなどの活動を行ってきた。本単元ではこれらの学習の上に立ち、目的に応じた適切で能率的な資料の集め方と処理の仕方を学ぶ。また、根拠を明確にし、その根拠を元に判断する能力を身につける。そのための力は、次の2つである。

・データを見て、度数分布表やヒストグラムなどに整理する力
・整理したデータから特徴を見いだし、それらを明確な根拠として活用し、自分の考えを発表する力

　これらの力を単元計画に沿って身につけさせていくことがねらいになる。

(2) 単元目標

・情報を整理し、問題解決のための見通しを立てる。　　　　　　　　　　　　　（知識・技能）
・整理した情報から特徴を捉える。　　　　　　　　　　　　　　　　　（思考・判断・表現）
・根拠を元に考えをまとめ、自分ならどうするかを深く考え、その経験を普段の生活の中で役立てようとする。　　　　　　　　　　　　　　　（主体的に学習に取り組む態度）

(3) 学習ロードマップ

K1	P1	R1
K2	P2	R2
K3	P3	R3

K1：ヒストグラムや相対度数などの用語の意味を理解する。
P1：ヒストグラムをかき、相対度数を計算する。
P2：階級を変えるとヒストグラムのイメージが変化することもあることを理解する。

(4) 単元計画

第1時　2つの移動ルートを示し、どちらを選ぶかを考える。

　①何を基準にするかを明確にする。

　②平均所要時間以外の処理方法に目を向けさせる。

　③2つのバスの所要時間データから特徴を読み取る。

第2時　基準に沿ったルートはどちらなのかを考える。

40　　第2部　スキルコードで深める数学科の授業モデル

度数分布やヒストグラム、度数折れ線を作成し、特徴を考える。

第3時 いろいろな条件を含めてデータを比較し、より良いルートを考える。

①条件の違うデータから、相対度数を用いたヒストグラムを作成する。

②ヒストグラムや折れ線グラフを比較し、具体的に特徴を説明する。

第4時 資料の特徴を分かりやすく伝えるために、平均値以外の値を用いて説明する。

①代表的な値である平均値と最頻値の良い点、悪い点について考える。

②中央値、最頻値、平均値などを用いて話し合い、どのバスに乗るかを決める。

第5時 同様の手順で、実際の校外学習でのルートを考える。

①校外学習の場所から、どんなルートが考えられるかをグループで話し合う。

②タブレット等で時刻表を参考にデータを集め、グラフにまとめて特徴を考える。

第6時 「自他ともに納得いくような」判断について考える。

グループごとにまとめた意見を発表し、それぞれの判断、基準に沿って判断することができたか確認し、考えを深めていく。

2 実践のポイント……………………………………………

①自然現象や社会現象について、知りたいことや解決すべきことを明確にし、必要なデータを特定・収集する。②データを処理し、表現する。③解決策を考え、意思決定をする。この①から③までの流れを身につけることが、本単元の「知恵」である。そのためには、実際に、一連のプロセスを経験させ、その経験を通して学んでいくことが最も効果的である。まずは、与えられたデータをもとに判断するという流れの中で、度数分布表、ヒストグラム、代表値などを学習していく。その後、最終的な判断については、単に特定の代表値の大小を比較するだけで判断するのではなく、グループで決めた目的への基準を確率の観点から説明できるようにするなど、他者に対して説得力のある判断ができるようになることをめざしていく。

校外学習の班別自由行動という設定にし、グループで話し合わせることで、「自他ともに納得いくような」判断を生徒が生み出しやすくなると考える。

一連のプロセスを経験させた後、実際の校外学習・修学旅行等のルートを用いると、より主体的な学習になる。自分のこととして現実感をもって考え、互いに意見を交わし合って、より適切な根拠をもとに納得のいく判断をする経験ができる。

3 本時の展開(第1・2時)……………………………

(1) 本時案ロードマップ

K1	P1	R1
K2	P2	R2
K3	P3	R3

K1：課題の確認を行い、基準について考える。

P1：必要なデータを集める。

P2：データの特徴を読み取る。

K2：目的に合わせてデータを処理し、グラフを作成する。

目的を決めて資料を収集・処理し、説得力のある判断を行う力／資料の分析と活用／実施学年1年　41

K3：明確な根拠を元に適切に判断する。

以下の課題を提示し、学習に取り組んだ。（東京書籍『新編　新しい数学』p206を基に作成）

> **Q 調べてみよう**
>
> AルートとBルートについて、平日の14時台に美術館を出発して西寺へ向かうバスの所要時間を調べたら、次の図のようになりました。美術館から西寺への移動時間をなるべく短くするには、どちらのルートのバスを使うとよいでしょうか。
>
> まず、Aルートの所要時間について、どのような特徴があるか考えてみましょう。

［AルートとBルートのバスの所要時間データ（一部）］

Aルート				Bルート			
所要時間(分)	天気	所要時間(分)	天気	所要時間(分)	天気	所要時間(分)	天気
37	晴・雲	32	晴・雲	40	晴・雲	31	晴・雲
39	晴・雲	33	晴・雲	39	晴・雲	29	晴・雲
38	晴・雲	34	晴・雲	41	晴・雲	32	晴・雲
37	晴・雲	36	晴・雲	38	晴・雲	30	晴・雲
36	晴・雲	29	晴・雲	42	晴・雲	29	晴・雲
37	晴・雲	30	晴・雲	39	晴・雲	28	晴・雲
36	晴・雲	30	晴・雲	37	晴・雲	30	晴・雲

（2）課題を明確にする

> どのような基準でルートを選ぶか考えよう。

・「西寺に長くいられるほうがいい」、「バスを待つ時間をなるべく短くしたい」、「トラブルがあっても絶対に集合時間に遅れないルートがよい」など、ここでグループの基準がある程度決まっていくことになる。

（3）データを収集する

> 2つのルートの平均所要時間だけで判断してよいか。

・「平均だけではわからない」、「平均が同じなのになんで2つのルートがあるのか」、「実際にかかった時間に関するデータがほしい」など。

（4）データを処理・表現して課題をより明確にする

> 2つのデータの特徴や違いをグラフに表してみよう。

過去のデータを参考にすると一つひとつのデータが、所要時間だけでなく、曜日・時刻・

天気からなることが分かる。この中から必要な特徴を取り出すためにはどうすればよいかを考える。

・「2つのデータを比較できる形にしたい」、「データを整理して、グラフにしたい」「条件別にデータを整理したらどうか」など。

次の時間には、A・Bルートの所要時間を柱状グラフ（ヒストグラム）や折れ線グラフにしてみる。各グラフにしてみることで、ただのデータの羅列だったものに特徴があることがわかり、比較しやすいものになっていることに気付かせることができる。

[グラフの例]

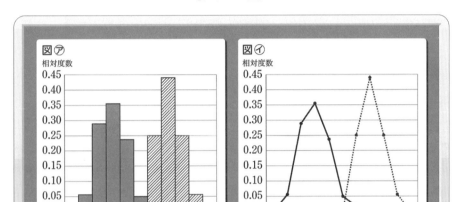

4 授業改善の視点

一連のプロセスを経験させた後、実際の校外学習・修学旅行等のルートを用いたことで、生徒達は意欲的に取り組んだ。今回の経験が日常生活の様々な場面で生きて働く知識＝知恵になっていくことだろう。

インターネットが発達した現代の社会は、データで溢れている。データは様々な目的で整理され、グラフなど目に見える形で示されており、広告や新聞等に使われるグラフについて考察することも考えられる。広告について取り上げることは、消費者教育にもつなげることができる。これからの社会で情報の真偽を見極める力はますます大切になっている。データの分布に着目し、その傾向を読み取り、考察して判断していく経験は、情報の真偽を見抜く力にもつながっていく。生活や学習に積極的に生かせる数学の授業を、これからも展開していきたい。

［辻村　優］

育てる 資質・能力

式、グラフなどで考察する力

実施学年 1年

単元名 ▶ **比例と反比例**

1 実践の概要

(1) 資質・能力の概要

　生徒は小学校で比例・反比例の意味、性質、式、グラフを学習している。本単元では変域を負の数まで拡張しながら「y は x の関数である」という意識を持たせる。また、（式をみたす点の集合である）グラフが直線になることを理解させる。そして、比例や反比例が日常生活で使われる具体的な事象に触れ、関数的な見方や考え方のよさを実感できるようにする。そのための力は、次の2つである。

・伴って変わる2つの数量の関係を表やグラフで表す力。
・比例のグラフを利用して、身近な問題を解決しようとする力。
　これらの力を単元計画に沿って身につけさせていくことがねらいになる。

(2) 単元目標

・関係する数量を表に整理し、問題解決のための見通しを立てる。　　　　　（知識・技能）
・整理した情報から特徴をとらえ、式・グラフにする。　　　　　　　（思考・判断・表現）
・普段の生活の中にある問題に対して比例や反比例の関係を役立てようとする。

（主体的に学習に取り組む態度）

(3) 学習ロードマップ

K1	P1	R1
K2	P2	R2
K3	P3	R3

K1：与えられた問題から、表を作ることができる。

K2：比例の式の特徴を理解し、1組の x, y の値から式を用いて比例定数を求めることができる。

K3：与えられた式から表を用いてグラフをかくことができる。比例の表、式、グラフと比例定数との関係を理解している。

P1：求めたい数量と関係のある数量を見つけることができる。

P2：比例や反比例の関係やグラフを利用して問題を解決することができる。

R1：身近な問題で比例・反比例が利用されているものを見つけることができる。

44　第2部　スキルコードで深める数学科の授業モデル

(4) 単元計画

第1時 伴って変わる2つの数量の間の関係について考える。

　①分かっている数量を確認する。

　②求める数量を確認する。

　③伴って変わる2つの数量の間にどんな関係があるかを考える。

第2時 伴って変わる2つの数量の間に、関数の関係があるか調べる。

　「2つの変数 x, y があり、変数 x の値を決めると、それに伴って変数 y の値もただ1つ決まる」という関係があるか調べる。

第3時 比例の意味を理解し、比例を表す式を使う。比例定数を求める。

　小学校で学んだ比例の関係を復習し、比例の関係を式で表す。また、比例を表す式から比例定数を見つけ出す。

第4時 比例定数や x の変域を負の数に広げて考える。

　x の変域や比例定数が負の数である式について、x の値に対応する y の値を求め、表を作る。その表から x の値が増加するときの y の値の増減が、比例定数が正の数のときと負の数のときにそれぞれどのようになるのかを考える。

第5時 y が x に比例するとき、1組の x, y の値から、y を x の式で表す。

　①2つの数が比例していることを確認する。

　②比例を表す式が使えることを理解する。

　③値を代入し、y を x の式で表す。

第6時 比例を表す式から表を作り、グラフをかく。

　①点のとり方を確認する。

　②「軸」「座標」「原点」について理解する。

　③比例のグラフを、変域を負の数に広げてかく。

第7時 比例の表、式、グラフと比例定数との関係を考える。

　表、式、グラフのそれぞれで表したとき、比例定数がどこにあらわれるかを確認することで比例定数を見つけ出すことができる。

2 実践のポイント……………………………………………………

　①身近にある問題について、知りたいことや解決すべきことを明確にし、必要な数値、関係のある数量を確認する。

　②情報を整理し、表にする。

　③表から比例の関係を見つけ、比例定数を求めることができる。

　④1組の x, y の値から、y を x の式で表し、比例定数を求めることができる。

　まずは、知識として与えられた数量をもとに、求めたいものを明確にし、数量の関係を見つけ、表にまとめていく。x の値が増加すると y の値はどう変化するのかを表から見つける。y の値の増減は比例定数によって変わることを理解させる。その後、y が x に比例するとき、

式、グラフなどで考察する力／比例と反比例／実施学年1年　　45

1組の x, y の値から、y を x の式で表すために計算で比例定数を求める。「y は x に比例し、……y を x の式で表しなさい」という文章に注目させる。知識を利用して、実際に計算することで経験につながる。

3 本時の展開(第4・5時)‥‥‥‥‥‥‥‥‥‥‥‥

以下の2つの課題を提示し、学習に取り組んだ。(東京書籍『新編　新しい数学』pp.112～114を基に作成)

① x の変域を負の数にひろげて、比例の関係を考えてみよう。

ある自動車が高速道路を東へ向かって時速80km で走っている。

この自動車がP地点を通過してから x 時間後に、P地点から y km のところにいるとする。東の方向を正の方向として、x と y の関係を式にしよう。

(1) 課題を明確にする

> x と y の関係を式にする。

(2) 関係する数量を見つけ出し、情報をまとめる

> ・東へ向かっている。
> ・時速80km で走っている。
> ・P地点を出発してから x 時間後に、P地点から y km のところにいるとする。
> ・東の方向を正の方向とする。

(3) 使える公式を確認する

> ・時速、時間、距離(道のり)が出てきている。
> ・道のりを、時間を使って表す。
> 　　　　↓
> 道のり＝速さ×時間

(4) 公式に数値をあてはめて、x と y の関係を式にする。

　　　道のり＝速さ×時間

　　y km 　＝時速80km × x 時間

　　　　　$y = 80 \times x$

　　　　　$y = 80x$

② 1組の x, y の値から、y を x の式で表すことを考えてみよう。

例4　y は x に比例し、$x = 2$ のとき $y = 6$ です。このとき、y を x の式で表しなさい。

46　　第2部　スキルコードで深める数学科の授業モデル

(1) 課題を明確にする

y を x の式で表す。

(2) 関係する数量を見つけ出し、情報をまとめる

・y は x に比例する。
・$x = 2$ のとき $y = 6$

(3) 使える公式を確認する

・y は x に比例する。　⇒　比例を表す式を利用する。
$$y = ax$$

(4) 公式に数値をあてはめて、y を x の式で表す

$y = ax$　　　　　　　　　　　　y を x の式で表すので、$y = ax$ に $a = 3$ を代入する。

$6 = 2a$

$a = 3$　　　　　　　　答　　　$y = 3x$

4 授業改善の視点……………………………………………………

　表から比例の関係を見つけることはできるが、1組の x, y の値から、y を x の式で表すことを苦手としている生徒が数名見られた。代入について理解できていないこと、文字の計算についての理解が不十分であることが原因と考えられる。代入はカード等を使用して目に見える形で説明する必要がある。また、文字式の計算では、生徒が理解しやすい説明を考える必要がある。

　比例について学習した後、学校や家での生活の中で比例していることを調べさせた。
・学校のプール、家のお風呂の水が一定の割合で入るとするときの、水を入れる時間と水の深さ
・毎月一定額のおこづかいを貯金していくときの月数と貯まっていく金額
・100g あたりの値段が決まっているお肉を買うときのお肉の量と値段
・集めたペットボトルのキャップの個数を数えるときの個数と全体の重さ
　授業で学んだことがどれだけ日常生活に活かされるかを考えることで、テストのための勉強ではなく、生活していくために必要な知識・知恵につながっていく。また、身近な問題を考える上で、表にまとめ式を立てることやグラフをかくことで分かりやすく整理する力が養われると考える。

［河口志穂］

育てる資質・能力

図形の性質や関係を論理的に考える力

実施学年 **1年**

単元名▶**平面図形**

1 実践の概要……………………………………………………………

(1) 資質・能力の概要

　生徒は小学校で線対称な図形や点対称な図形について学習した。本単元ではこれらの学習の上に立ち、図形の移動について学習する。また、作図の意味を理解し、平面図形について理解を深める。平面図形の点や直線といった要素を考察し、論理的な考察をする能力を身に付ける。そのための力は、次の2つである。

・移動前の図形と移動後の図形との対応関係を整理する力

・作図の手順を考え、順序よく手順を説明する力

　これらの力を単元計画に沿って身につけさせていくことがねらいになる。

(2) 単元目標

・平行・回転・対称移動の意味を理解し、説明することができる。　　　　　（知識・技能）

・定規とコンパスを用いて作図ができる。　　　　　　　　　　　　　（思考・判断・表現）

・作図手順を論理的に捉え、その経験を普段の生活の中で役立てようとする。

（主体的に学習に取り組む態度）

(3) 学習ロードマップ

K1	P1	R1
K2	P2	R2
K3	P3	R3

K1：「作図」という専門用語が表す内容について理解する。

K2：線分の垂直二等分線、角の二等分線、垂線の作図方法の原理を理解し、作図できる。

K3：おうぎ形の弧の長さや面積を求める際に、比例の原理が用いられていることを理解する。

P1：定規とコンパスについて、作図に使用できる使い方を理解し、実際に作図する。

P2：線分の垂直二等分線、角の二等分線、垂線の作図方法を組み合わせて様々な作図に挑戦する。

P3：境界が直線だけではなくおうぎ形の弧も境界の一部である図形の周の長さや面積を求められる。

48　第2部　スキルコードで深める数学科の授業モデル

(4) 単元計画

第1時 日本の伝統文様を考察する。

　①どのような図形が基準になっているのか明確にする。

　②文様を描く方法を考える。

　③タブレット等で日本の伝統文様の種類と制作方法について調べ、まとめる。

第2時 図形の平行移動

　①平行移動の意味を理解させる。

　②平行移動の特徴を考察する。

第3時 図形の回転移動

　①回転移動の意味を理解させる。

　②回転移動の特徴を考察する。

第4時 図形の対称移動

　①対称移動の意味を理解させる。

　②対称移動の特徴を考察する。

第5時 作図

　①定規とコンパスの役割と使い方を理解させる。

　②線分の垂直二等分線等を作図する。

第6時 オリジナル文様の作図

　コンパスと定規を利用し、文様を作成する。作成した文様を発表し、発表された図形を考察することで考えを深めていく。

2 実践のポイント………………………………………………

　①日本の伝統文様など身の回りにある図形に注目し、その特徴を考察する。②基本的な図形の移動方法について整理する。③作図方法について学び、自分の描きたい図形を作図する。この①から③までの流れを身につけることが、本単元の「知恵」である。そのためには、実際に、一連のプロセスを経験させ、その経験を通して学んでいくことが最も効果的である。まずは、身の回りにある図形について「形」、「大きさ」、「位置関係」という観点に注目し考察する。その後、移動前と移動後の2つの図形について考察する。

　頂点や辺に注目することにより、一見複雑に見える伝統文様などの図形も、実は単純な要素に分解できるということに気づかせることが重要である。

　さらに、他者に対して具体的に説明する能力の習得をめざしていく。基本的な作図方法について学習した後に、「オリジナル文様の作図」という設定にし、オリジナル文様を他者へ発表させることで、説明力が養われ、「自他ともに納得いくような」判断を生徒が生み出しやすくなると考える。

　一連のプロセスを経験させた後、幾何学文様について調べ学習をさせることで、より主体的な学習になる。身の回りにある図形やデザインについて論理的に捉える経験ができる。

図形の性質や関係を論理的に考える力／平面図形／実施学年1年　　**49**

3 本時の展開(第1時)

(1) 本時案ロードマップ

K1	P1	R1
K2	P2	R2
K3	P3	R3

K2：与えられた図形から、必要な要素を読み取る。頂点や辺に注目することにより、図形を単純な要素に分解する。
P2：目的に合わせて要素を移動し、図形を描く。
P3：作図の手順を論理的に説明する。

以下の課題を提示し、学習に取り組むことを想定する。(東京書籍『新編 新しい数学』p104を基に作成)

(2) 課題を明確にする

> 日本の伝統文様である「麻の葉」について考察しよう。

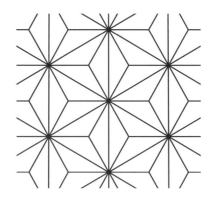

・「麻の葉」の文様はある図形と合同な図形で敷き詰められている。
・正三角形や正六角形に注目して考察する。

(3) 「麻の葉」文様を描く

> 文様を描く方法を考える。

・描き方は生徒の自由だが、生徒が描けない場合は正三角形を一つ描かせるとよい。

(4) 「麻の葉」以外の日本の伝統文様について調べる

> 「麻の葉」以外の日本の伝統文様について調べよう。

・「七宝」「籠目」「矢絣」などの割付文様をはじめ、「千鳥」「雲」などの文様を調べることで、日本の伝統に関心を持たせる。また、文様の意味も合わせて調べさせたい。

4 授業改善の視点（予想）……………………………………

　一連のプロセスでは図形の考察が重要となる。図形をよく観察し、特徴を整理することで、他者へ論理的に説明する能力が養われる。図形の考察後は、考察内容を発表させることで、知識＝知恵につながっていく。

　オリジナル文様の作成では、図形の美しさよりも、作成手順と文様に対する意味付けができているかを評価したい。また、オリジナル文様はコンピュータで作成することで、様々なものに印刷をすることができる。コンピュータを使うことで、幾何学文様の汎用性の高さを感じることができる。

［樋口雄也］

育てる 資質・能力

既習を進んで活用する力

実施学年
2年

単元名▶**式の計算**

1 実践の概要……………………………………………………

(1) 資質・能力の概要

　生徒は中学１年次に、aやxなどの文字を使って数量の関係を式で一般的に表すことを学んだ。本単元ではこれらの学習の上に立ち、文字式の意味や文字を用いて表現することの有用性をより深く理解する。そのための力は、次の２つである。

・１年次で学んだ文字式の計算を発展させ、文字が２種類以上の式の加減や単項式の乗除を計算する力

・いろいろな場面で上記の計算を活用し、文字を利用した説明、等式の変形など、文字を用いて表現する力

　これらの力を単元計画に沿って身につけさせていくことがねらいになる。

(2) 単元目標

・同類項のまとめ方や、単項式の乗除の計算をする。　　　　　　　　　　　　（知識・技能）

・数量の関係や性質を帰納や類推によって発見し、それを文字式を用いて一般的に表現する。

　　　　　　　　　　　　　　　　　　　　　　　　　　　　　　　（思考・判断・表現）

・事象を文字式で表したり、文字式が表す具体的場面を読みとる。この経験を普段の生活の中で活用しようとする。　　　　　　　　　　　　　（主体的に学習に取り組む態度）

(3) 学習ロードマップ

K1	P1	R1
K2	P2	R2
K3	P3	R3

K1：単項式や多項式の計算方法を理解する。
K2：整数の約数、倍数について理解する。
P1：単項式や多項式の計算ができる。
P2：整数の性質を、文字を用いて説明できる。

(4) 単元計画

第１時　陸上のトラック競技において、スタートラインにどのくらい差をつけるかを考える。

　①一周の長さを求める。

　②長さがわからない半径を文字で表す。

　③各レーンの周の長さの差に注目させる。

52　第２部　スキルコードで深める数学科の授業モデル

第2時　単項式、多項式の意味を理解して式を分類する。

　単項式の次数の意味を理解し、式の次数をいう。多項式の次数を求める。

第3時　同類項をまとめる。

　同類項をまとめる計算方法を見いだして、身につける。

第4時　多項式と多項式の加法、減法、および多項式と数の乗法、除法を身につける。

第5時　単項式どうしの乗法、除法を身につける。

第6時　式の値を求める。

　①2つ以上の文字をふくむ式について、式の値を求める。

　②式の値を求めるとき、簡単に求める方法を考える。

　③式を簡単にしてから値を代入する。

第7時　式による説明を考える。

　①整数の性質を帰納や類推により発見する。

　②整数の性質を式の計算を利用して、一般的に説明する。

第8時　等式の変形

　①目的に応じて等式を変形し、事象を考察する。

　②等式を変形して、式をある文字について解くことを身につける。

2 実践のポイント……………………………………………………

　①文字が2種類以上の式の加減や単項式の乗除を計算する。②事象の性質を発見する。③その性質を文字式で表現して説明する。この①から③までの流れを身につけることが、本単元の「知恵」である。問題解決のなかで文字式を利用する場面を経験することが最も効果的である。

既習を進んで活用する力／式の計算／実施学年2年　　53

3 本時の展開(第7時)‥‥‥‥‥‥‥‥‥‥‥‥‥‥‥‥‥‥‥

(1) 本時案ロードマップ

K1	P1	R1
K2	P2	R2
K3	P3	R3

P1：整数の性質を帰納や類推により発見する。

P2：整数の性質を式の計算を用いて説明する。

K2：文字式の計算の有用性を理解する。

R2：普段の生活の中で文字式で表現できることを見つける。

　以下の課題を提示し、学習に取り組んだ。(東京書籍『新編　新しい数学』p22を基に作成)

Q 調べてみよう

　2けたの自然数と、その数の一の位の数字と十の位の数字を入れかえた数を考えます。この2つの数の和が11の倍数になることをいろいろな数で確かめてみましょう。

---

(2) 性質を確認する

具体的な数で計算して11の倍数になることを確認する。

・和が3けたになる数で一の位＋百の位＝十の位になることに生徒が気がついた場合には、なぜそうなるかを考えさせる。

(3) 文字を使って説明する

文字式の計算の有用性を見いだす。

・文字を用いて2けたの自然数を表す。文字式の計算を利用して11の倍数になることを説明する。

(4) 2つの自然数の差を考える

2つの自然数の差を考えるとどうなるか。

・2つの自然数の差がどうなるかを考えさせて、性質を発見させる。和と同様に文字式を利用して性質を説明する。

54　第2部　スキルコードで深める数学科の授業モデル

4 授業改善の視点・・・

　授業後に他に整数の性質で説明できることはないかを考えさせるとよい。また、生活の中で文字式で表現できることはないかを考えさせる。カレンダーからはいろいろな規則を見いだすことができる。

［青木俊郎］

育てる 資質・能力

発展的に考える力

実施学年
2年

単元名▶連立方程式とその解き方

1 実践の概要……………………………………………

(1) 資質・能力の概要

　ある問題の解決が得られた後、子どもたちが「条件を変えてみよう」「場面を変えてみよう」というように発展的に考えて、新たな問題に対して、道筋を立てて考えていくことを目指す。

・新たな問題を解決するときに、類推的に考えて解決する。

・新たな問題を解決するときに、新たな見方・考え方を使って解決する。

　例えば、「連立方程式」単元において、「片方の文字を消去するにはどうすればよいか？」と問う。この問題を解決するために、子どもたちは「2つの式を足したり、引いたりする加減法」という考え方を学ぶ。そこで考えることを終えるのではなく、「足したり引いたりしても文字を消去できなかったらどうする？」「加減法以外に文字を消去できないか？」と、発展的に考えていける子どもにしていきたい。

(2) 単元目標

・連立方程式の解き方の原理を知る。

・加減法・代入法の意味を知る。

・消去の意味を知る。

・加減法で連立方程式を解くことができる。

・代入法で連立方程式を解くことができる。

・連立方程式を適当な方法で解くことができる。

(3) 学習ロードマップ

K1	P1	R1
K2	P2	R2
K3	P3	R3

K1：連立方程式の解き方の原理を知る。

K2：文字を消去することの意味を知る。

P1：加減法、代入法で連立方程式を解くことができる。

P2：連立方程式を適当な方法で解くことができる。

R2：足したり引いたりしても文字を消去できなかったらどうするか考えられる。

56　第2部　スキルコードで深める数学科の授業モデル

(4) 単元計画

第1時　いくつかの数値を2元1次方程式に代入して調べて、連立方程式の解の意味を確認する。

　①数値を正しく代入できるか確認する。

　②その後正しく計算できるか確認する。

　③どれが正しい解か判断させる。

第2時　文字の消去の仕方を考える。

　加減法と代入法があることを確認する。

第3時　加減法で正しく文字を消去し、解を求める。

　①どちらの文字を消去するか判断させる。

　②1次方程式に帰着させ、解を求めさせる。

　③両方の文字の値をしっかり求めさせる。

第4時　代入法で正しく文字を消去し、解を求める。

　①どちらの文字を消去するか判断させる。

　②1次方程式に帰着させ、解を求めさせる。

　③両方の文字の値をしっかり求めさせる。

第5時　どちらの方法を使えばよいか問題によって判断し、対応する。

　①加減法か代入法かどちらを使うか判断させる。

　②最後まで正しく計算できるか確認する。

2 実践のポイント……………………………………………………

　連立方程式の解き方の導入として、共通部分を消去して求めるという考え方は、小学校でも経験してきている。それを、文字を用いて表した式と対比することで、1つの文字を消去して、既習の1次方程式に帰着させて解くことができるということに気づかせたい。そして、加減法の解き方へとつなげていく。

　加減法を先に取り上げたのは、加減法が連立方程式の基本型の解法であり、中学校で扱う連立方程式のどのような場合もこの方法で解くことができるからである。教科書では加減法に重点をおいて習熟させるようにしてある。

　加減法の原理は、1年で学んだ等式の性質を一般化したものである。納得できない生徒には、具体的な数や式におきかえて理解させる。特に、上の式から下の式を引く減法は誤りやすいので、計算をする際には十分注意させる。

　1次方程式と同様で＝や文字は縦にそろえて書くことに留意したい。また、そのことで誤りを減らすことにもつながることに気づかせる。

　普段から、計算の正確さを身につけるよう、検算の習慣をつけさせるとよい。

　一方の文字の値が求められたとき、それをもとの方程式のどちらに代入しても、もう一方の文字の値を求めることができることを知らせると同時に、一般には、計算が簡単と思われ

発展的に考える力／連立方程式とその解き方／実施学年2年　　**57**

るほうの方程式に代入したほうがよいことを指導する。

「文字を1つ消去して、1元1次方程式になおして解く」という考え方が解法の大原則であることを理解させる。

解法を指導する前に、どのようにしたら1つの文字が消去できるか考えさせる。

どちらの文字を消去したのか、式を加えたのか引いたのかなど、途中経過もしっかり確認して指導したい。

1つの文字を消去するための手法として、次の順序で考えることを理解させる。

①消去しようとする文字を決める。

②消去しようとする文字の項の係数の絶対値が等しくなるように、2つの式をそれぞれ何倍かする。

③加減法を用いるのに、2つの式を加えるのか、引くのか決定する。

④③によって、1つの文字を消去して、1元1次方程式を求めて、1つの解を得る。

式によっては加減法より代入法を用いた方が、計算を楽にすすめることができ、便利である。

文字に数を代入することにはある程度慣れているが、文字に式を代入することはほとんど経験してきていないので、丁寧に扱いたい。また、代入する式をかっこでくくって書くよう指導する。

どちらの解法で解くほうが容易かを見極めて解くのがねらいである。ただし、あくまでも一般的にはということで、必ずではない。適度な自由度をもたせて指導し、2種類の連立方程式の解法を用いることができるようになることが大切である。必要に応じて問題を補充して習熟させるとよい。

3 本時の展開(第3時)……………………………………

以下の問題を提示し、学習に取り組んだ。

連立方程式 $\begin{cases} 2x+5y=600 \\ 2x+3y=480 \end{cases}$ を解きなさい。

(1) 課題を明確にする

どのように片方の文字を消去するか考えよう。

・個人で考えさせ、意見が出ない場合はグループで考えさせてもよい。
・ここでは加減法を扱う。解き方は2種類あることを伝えてもよい。

(2) どちらの文字を消去するか明確にする

上の式から下の式をひいてみよう。

・左辺同士、右辺同士で計算させる。

・x が消去されたか確認させる。

(3) y を求めた後、どう x を求めるか明確にする

元の方程式に x の値を代入してみよう。

・どちらの式に代入すればよいか考えさせる。

・最初は両方に代入して同じ結果であることを確認し、楽な方がよいことを理解させる。

4 授業改善の視点

生徒たちにただ連立方程式の解き方を教えるだけでなく、自分たちで手法を発見させるような授業を試みる。このことにより、自力で考えるというこれからの社会で大切になっていく力が育つ。

何でもかんでもすぐに人に頼ってしまう大人も多い。これから学年が上がるにつれて学習内容が難しくなっていくが、それにくらいついていく自主学習にもつながっていくと考えられる。大学入試や社会に出てからも自分の力でこなしていくことはますます大切になっている。

生活や学習に積極的に活かせる数学の授業を、これからも展開していきたい。

［石井結基］

育てる 資質・能力

考えや結論を修正する力

実施学年 2年

単元名▶合同な図形

---

1 実践の概要···

(1) 資質・能力の概要

　数学の授業が、一見問題解決をしているようで、知っていることや方法を出し合う時間になっていないか。与えられた問題の解や解決方法を知っている子どもは表現し、知らない子どもはただ聞いている時間になっていないか。

　数学の授業で、教師は問題解決の先にある正解だけを子どもに身に付けさせようと捉えがちである。ところが、社会に出てから行われる問題解決に目を向けてみると、正解のない問題がいかに多いことか。そのとき最適だと思う問題の解決方法を考え、最良だと思う解を出すことが求められる。うまくいかなければ、解決方法を改善したり別の方法を考えたりしてまた解を出し直す。使える知識や技能というのは、そうした問題解決の過程で身に付けていくものである。数学の授業においても、正解や正解を導く方法ばかり重視するのではなく、問題解決の過程で子どもが時に間違え、そのことに自ら気づき、よりよく修正していくことができる力を育成していきたい。

(2) 単元目標

・図形の合同の意味を知る。

・合同な図形の対応する線分と角の関係を知る。

・合同な図形の性質を知る。

・合同な図形を記号を使って表すことができる。

(3) 学習ロードマップ

K1	P1	R1
K2	P2	R2
K3	P3	R3

K1：図形の合同の意味を知る。

P1：合同な図形の性質を利用し、長さや角度を求められる。

K2：合同な図形を記号を使って表す。

R2：どうすれば合同になるのか、条件まで追求して考えられる。

(4) 単元計画

第1時　2つの図形を裏返したり、移動させたりしてぴったり重なるか確認させる。

　①平行移動について確認させる。

60　　第2部　スキルコードで深める数学科の授業モデル

②実際に作業させる。

③合同について確認する。

第2時 合同な図形の性質を確認させる。

　第1時のことを考え、性質について意見を述べさせる。

第3時 合同な図形の性質を利用し、角度や長さを求めさせる。

①対応している辺をしっかり確認させる。

②対応している角をしっかり確認させる。

第4時 合同な図形を記号を使って表す。

①合同の記号を確認する。

②対応している頂点を確認させる。

2 実践のポイント……………………………………………

　小学校では合同を取り扱っていないが、線対称な図形の性質を考察する前に「ずらしたり裏返したりして、図形どうしをぴったりと重ね合わせることができるとき、それらの図形は合同であるという」として取り上げている。したがって、用語の意味は理解していると思われるが、もう一度ここでしっかりおさえておくべきである。

　学習指導要領では「移動」は扱わないことになっており、深入りする必要はないが、日常生活の範囲として、この言葉を使ってもよいだろう。また、どの点とどの点が対応しているのかをきちんとおさえるよう、図の向きを並べかえて2つの図形を対応させる工夫もしたい。

　合同な図形の性質は、実質的な合同の定義に相当する。たとえば多角形が合同であるかどうかは、このことをもとに判断する場合が多いからである。いろいろな場面で、必要に応じて図をかき、対応する辺や角を指摘できる力をつけることが大切である。

　多角形の合同を表すのに、対応する頂点の名まえを、周にそって同じ順に書くことをよく徹底させたい。

　この書き方にしたがうから、記号を用いて多角形の合同が示されているときは、式の両辺の同じ位置にある文字に着目すれば、図をいちいち見なくても、対応する頂点や辺、角を知ることができるのである。このことの理解を深めるために、式を板書し、その式を見ながら、対応する頂点や辺、角などを言わせてみるとよい。

　また、余裕があれば、対応する部分として、対角線なども確認させると、より深い探究ができるであろう。

考えや結論を修正する力／合同な図形／実施学年2年　　61

3 本時の展開(第3時)

以下の問題を提示し、学習に取り組んだ。
次の図の2つの四角形は合同です。次の辺の長さや角の大きさを求めなさい。
(1) 辺FG
(2) ∠D
(3) ∠A

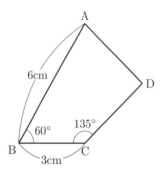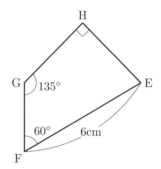

(1) 課題を明確にする

どの頂点とどの頂点が対応しているかはっきりさせよう。

・裏返したり回転したりして図をぴったり重ね合わせる。
・どことどこが対応しているか聞いてみる。

(2) 合同の記号を使って表す

対応している頂点を周にそってかき、記号を使って表そう。

・これが一番大切な作業であることを確認する。
・今後問題を解く際に非常に楽になることを理解させる。

(3) 長さや角度を求める

小問に答えよう。

・改めて合同な図形の性質を確認する。
・長さや角度を答えさせる。

4 授業改善の視点……………………………………………

　実際に用紙を切ったりし、合同な図形を用意しておき、何グループか作って、ぴったり重ね合わせられるか取り組ませる。こういった経験が印象に残ってもらえれば様々な場面で活かせる知識になっていくことだろう。

　ただ教員が答えを言うのではなく、生徒たちに考えさせる時間を設けることが大切である。生徒たちには、この範囲に限らず、あらゆることで考えて問題を解決することに慣れていってほしい。さらに、そうすることで数学だけでなく、日常の生活にも役立ててほしい。

　既習内容と絡めて授業を進めていくことで生徒も関心が高まるはずである。小学生の内容だが、大きさを大きくしたり小さくしたりする拡大図や縮小図の話、さらに、そこから発展させて相似な図形の話をしてもおもしろいと思う。

　生活や学習に積極的に活かせる数学の授業を、これからも展開していきたい。

［石井結基］

育てる 資質・能力

論理的に推論する力

実施学年 2年

単元名▶三角形

1 実践の概要

(1) 資質・能力の概要

　生徒は前章で、「仮定」から「結論」を導く演繹的な推論について学習してきた。本単元では、三角形の性質を調べていく中で演繹的な推論の力を身につける。そのための力は、次の2つになる。

・図形の性質を考察し、それを証明する力

・理解した性質を発展させて、他の性質を証明する力

　これらの力を単元計画に沿って身につけさせていくことがねらいになる。

(2) 単元目標

・三角形の性質に関心をもち、それを演繹的に導こうとする。

（主体的に学習に取り組む態度）

・三角形に関するいろいろな性質を理解する。 （知識・技能）

・定義と定理の意味、定理の逆の意味を理解する。 （知識・技能）

・図形の性質を証明することができる。 （思考・判断・表現）

(3) 学習ロードマップ

K1	P1	R1
K2	P2	R2
K3	P3	R3

K1：線対称の図形である二等辺三角形の性質を理解する。

K2：三角形が二等辺三角形になるための条件について理解する。

P1：二等辺三角形の性質を利用し、長さや角度を求められる。

P2：特定の条件を満たす三角形が二等辺三角形であることを証明し、長さや角度を求められる。

P3：二等辺三角形になる三角形を見つけてそれを証明し、長さや角度を求められる。

(4) 単元計画

第1時　二等辺三角形をもとにして直角を作る。

　　　　垂線を作図して確かめる。

第2時　二等辺三角形の底角の性質を証明する。

64　第2部　スキルコードで深める数学科の授業モデル

①定義と定理の意味を理解する。

②二等辺三角形の定義を理解する。

③底角の性質を証明する。

第3時 二等辺三角形の頂角の二等分線の性質を証明する。

第4時 正三角形の定義を理解して、内角の性質を証明する。

第5時 二等辺三角形になるための条件を証明する。

①二等辺三角形になるための条件を調べる。

②二等辺三角形になるための条件を証明する。

③定理の逆について理解し、逆が成り立たない場合に、反例を考える。

第6時 三角形の合同条件をもとに、直角三角形の合同条件を見いだす。

第7時 直角三角形の合同条件を理解し、それを利用して図形の性質を証明する。

2 実践のポイント……………………………………………

　①図形の性質を発見する。②性質を証明する。③理解した図形の性質を利用して、その他の性質の証明をする。この①から③までの流れを身につけることが、本単元の「知恵」である。小学校で習った「二等辺三角形の底角は等しい」という知識がどのような根拠をもとに成り立っているのかという問題意識から証明を考えるという経験をすることが効果的である。さらに、定義と定理の意味や定理の逆について理解を深めていくことは今後、論理的に推論する力を育む上で重要なことと言える。

論理的に推論する力／三角形／実施学年2年　　65

3 本時の展開（第5時）

(1) 本時案ロードマップ

K1	P1	R1
K2	P2	R2
K3	P3	R3

K1：二等辺三角形に関する性質を理解する。
K2：二等辺三角形の性質や、二等辺三角形になるための条件を証明することができる。
K3：定理とその逆の関係に興味をもち、いろいろな場合について逆を考えようとする。

以下の課題を提示し、学習に取り組んだ。（東京書籍『新編　新しい数学』p129を基に作成）

> **Q 調べてみよう**
>
> 紙テープを下の図のように折ったとき、重なった部分の三角形は、どのような三角形になっているでしょうか。

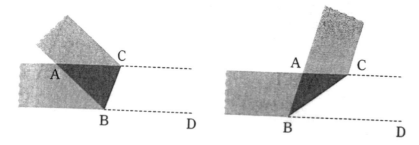

(2) 二等辺三角形になることを予想する

> 平行線から等しい角を見つける。

・平行線に気付き、平行線の性質から等しい角を考えさせる。

(3) 推測したことを証明する

> 二等辺三角形になるための条件を考えよう。

・「仮定」と「結論」を明確にする。証明した内容を定理としてまとめる。

(4) 定理の逆について理解する

> 簡単な命題について逆を言ってみよう。

・真である命題の逆が必ずしも真ではないことを知る。逆が成り立たない場合に、反例を考える。

4 授業改善の視点……………………………………………

　様々な図形の証明問題に挑戦することで、論理的に推論する力を伸ばすことができ、また、教科書に載っていない図形の性質についても知ることできる。命題が真であることは証明を必要とするが、偽であることは反例を示せば十分である。図形だけではなく、その他の命題に関して考える経験も積むべきである。

［青木俊郎］

育てる資質・能力

関数の特徴を表・グラフに関連づける力

実施学年 **2年**

単元名▶一次関数

---

1 実践の概要

(1) 資質・能力の概要

　今後の学習や生活において、複数のものを関連させて捉えていく思考力は重要である。1つの視点からだけではなく、複数の視点から物事を考えることで新たな発見や閃きが生じることは多くある。その可能性に気づき、わかることの喜びに触れることは今後の学習や生活につながっていくことだろう。

　また、関数について特徴を関連させて考える基礎となる学習は、1年次の比例・反比例の単元で済ませている。本単元では、比例の数量の関係を拡張させて、目的に応じて適切に表、式、グラフの関連について、より深く考察する力を身につける。そのために次のような力を身につけたい。①表、式、グラフの1つから他の2つを表す力、②表、式、グラフそれぞれが表す特徴を理解する力

(2) 単元目標

・表、式、グラフの情報を整理し、問題解決のための見通しを立てる。　　　　（知識・技能）

・整理した情報から判断材料を見いだす。　　　　　　　　　　　　　（思考・判断・表現）

・根拠を基にして考えをまとめ、その中で自分ならどうするかを考え、日常の生活と関連づけようとする。　　　　　　　　　　　　　　　　　　（主体的に学習に取り組む態度）

(3) 学習ロードマップ

K1	P1	R1
K2	P2	R2
K3	P3	R3

K1：$y = ax + b$ が関数を表すことを理解する。

K2：変化の割合、傾き、切片などの用語とその意味を理解する。

K3：2組の x, y の値から、その2点を通る直線の傾きと切片を求められる。

P1：一次関数の式から表を作成し、表を基にしてグラフがかけることを理解する。

P2：一次関数の式からグラフをかくことができる。

P3：2組の x, y の値から、その2点を通る直線の方程式を求められる。

68　第2部　スキルコードで深める数学科の授業モデル

R1：身近な問題で一次関数の関係になっているものを見つけることができる。

（4）単元計画

第1、2時 表を用いて水の温度の上がり方について考える。

一次関数の一般式の x と y の関係について調べる。

それぞれの事象について y を x の式で表して、y は x の一次関数であるかどうかを判断する。

第3時 一次関数の値の変化について考える。

表、式、グラフのそれぞれを用いることで、変化の割合の特徴について考える。

第4〜7時 一次関数のグラフの特徴を考える。

①比例と一次関数のグラフの関係に気づく。

②グラフの傾きと切片について学び、表、式、グラフの関係を考える。

③傾きや切片をもとにグラフをかく。

第8、9時 グラフから一次関数の式を求める方法を知る。

①一次関数の式をグラフの傾きと切片から求める。

②一次関数の式をグラフの傾きとグラフが通る1点の座標から求める。

③一次関数の式をグラフが通る2点の座標から求める。

第10〜12時 2元1次方程式を関数と見なしたときにグラフをかく方法について考える。

①2元1次方程式の解を座標とする点をとってグラフをかき、その特徴について考える。

②2元1次方程式のグラフと一次関数のグラフの関係を考える。

第13時 連立方程式の解とグラフの交点の座標における関係について考える。

第14時 2つの数量を一次関数とみなしてその関係を考える。

第15時 一次関数のグラフを利用して、身近な問題を考える。

第16時 図形の面積の変化と一次関数のグラフを関連させて考える。

2 実践のポイント……………………………………………

①身近な事象を考えていくために予想を立てる。

②その予想について根拠として必要になる判断材料が何かを考える。

③式やグラフで表し、それらの特徴を読み取る。

④最初の自分の予想との差異を考え、その過程を振り返る。

2つの選択肢の中でどちらかを選ぶことは、直感（根拠も正しさも必要としない）であれば容易である。しかし、「なぜ？」と問われると、困惑する生徒もいる。仮に自信を持って根拠を述べられたとしても、揺さぶられると「ええと…」となる生徒が多いと筆者は想定していた。他の場面でも同様に時には直感で考えることはあるがその正確さは信用性に欠ける。その正確さの水準を高める方法の1つとして経験を重ねていくことが挙げられる。今回の授業では、直感を重視した思考力の水準を高めていくことに焦点を当て、段階ごとに様々な視点で考える機会を増やしている。

関数の特徴を表・グラフに関連づける力／一次関数／実施学年2年　69

3 本時の展開(第15時)··

(1) 本時案ロードマップ

K1	P1	R1
K2	P2	R2
K3	P3	R3

K1：何を文字にするのかを設定することや、傾きと切片のグラフとの
　　関係など既習事項を思い出す。傾きと切片を求め、式を立てる。

P1：文章を読み取り、一次関数を利用できることに気づく。

K2：変域に対応する式を立てる。式をグラフにかく。グラフか
　　ら情報を読み取る。

P2：仮の時間を設定し、そのときの料金からプランを選択する。
　　2つのプランの料金が同じになるときの時間を求める。

K3：明確な根拠となる式やグラフを基にしてプランを選ぶ。

R2：他の事象2つについて、一次関数を用いて比較しようとする。

(1) 条件を確認する

次の表は、ある電話会社の1ヶ月の携帯電話の料金プランである。

	基本使用料（月額）	通話料
Aプラン	3000円	1分ごとに40円
Bプラン	4000円	50分までは無料 50分を超えた時間については1分につき60円

> あなたは（今の時点で）どちらのプランを選びますか。そう思った理由は何ですか。

Aを選ぶ意見　・基本料金が安い　　　　　　Bを選ぶ意見　・通話料50分無料がお得
　　　　　　　・1分あたりの通話料が安い

(2) 見通しを明確にする

> お得なプランを選びましょう。（目標）
> そのためにどうしたらよいでしょうか。（手段）
> どの手段から進めればよいでしょうか。

目標　・1ヶ月に通話する見込み時間から料金を求める。

手段　・表を作る。　・グラフをかく。　・関係式を作る。

（ただし以上3つは通話時間と1ヶ月の料金の関係についてのものとする。）

思考プロセス（例）

式を作る　➡　グラフをかく　➡　グラフから特徴を読み取る

(3) 式を作る

①何を文字にするのか、変数を確認する。

通話時間を x、1ヶ月の料金を y 円とすると、$y = ax + b$ の a, b は、

b　→　基本使用料がはじめにある値

a　→　1分ごとの通話料を加算すればよい　　$\dfrac{通話料（円）}{時間（分）} = \dfrac{yの増加量}{xの増加量}$

②変域に注意して式を立てる。

　Aプラン　…　傾き40、切片3000の直線。　　　　　　　⇒　$y = 40x + 3000$（$0 \leq x$）

　Bプラン　…　50分までは、基本使用料のみ　　　　　　⇒　$y = 4000$（$0 \leq x \leq 50$）

　　　　　　　50分以降は傾き60で（50, 4000）を通る直線　⇒　$y = 60x + 1000$（$50 < x$）

(4) グラフをかく

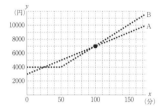

(5) グラフから特徴を読み取り、どちらのプランを選ぶのか決める

　2つのグラフからわかることは何でしょうか。

・通話時間によってAプランの方がお得なときとBプランの方がお得なときがある。

・25分と100分のときは料金が同じになる。

・100分以上通話しそうな人はAプランを選ぶとよい。

4 授業改善の視点

　一次関数を学習していく中で、生活する上で必需品の1つといえる携帯電話とその料金を教材にしたことで生徒は意欲的に取り組んだ。最初にどちらのプランを選ぶかを挙手で確認した。基本使用料の安さに着目してAプランを選ぶ生徒や、通話料50分無料に着目してBプランを選ぶ生徒など様々であった。自分の判断材料と他者の判断材料の相違や、グラフにする過程、グラフにした後の着眼点によって、プランを変更する生徒もいた。今回のような選択肢に対して、直感による予想と実際との乖離に直面することや、他者の判断基準を知り考え方が深まることは、今後の生活において有意な経験である。

　一方で、変域を分けてBプランを式で表し、グラフで表す過程において躓く生徒もいた。しかし、そういった生徒も周囲の生徒の発言や、時間とお金の身近な事象から理解につながったといえる。数学を数学として指導するのではなく、身近な事象に数学を利用していくことは、数学を苦手とする生徒の苦手意識の克服につながる手段の1つといえる。

［小山大介］

育てる 資質・能力

図形の性質や関係を表現する力

実施学年 2年

単元名 ▶ **四角形**

1 実践の概要

(1) 資質・能力の概要

　生徒は小学校で四角形について、平行四辺形、ひし形、長方形、正方形の意味とその性質のほとんどのことを学習している。本単元ではこれらの学習の上に立ち、小学校では実験や実測によって確かめただけであるが、中学校では論証の仕方を学んでいく。中学校1年でも論証は学習しているが、2年ではさらに論証の記述の仕方も身につける。そのための力は次の2つである。

・平行四辺形の性質を理解し、それを利用して図形の性質を証明（論証）できるようにする力

・証明（論証）の記述ができるようになる力

　これらの力を単元計画に沿って身につけさせていくことがねらいになる。

(2) 単元目標

・平行四辺形などの図形の定義、性質を理解する。 　　　　　　　　　（知識・技能）

・証明（論証）する。証明（論証）を記述する。 　　　　　　　　（思考・判断・表現）

・平行四辺形などの性質を利用して、図形の性質を見抜き、自分ならどう証明するか深く考える。 　　　　　　　　　　　　　　　　　　　　（主体的に学習に取り組む態度）

(3) 学習ロードマップ

K1	P1	R1
K2	P2	R2
K3	P3	R3

K1：点対称の図形である平行四辺形の性質を理解する。

K2：四角形が平行四辺形になるための条件について理解する。

P1：平行四辺形の性質を利用し、長さや角度を求められる。

P2：特定の条件を満たす四角形が平行四辺形であることを証明し、長さや角度を求められる。

P3：平行四辺形になる四角形を見つけてそれを証明し、長さや角度を求められる。

(4) 単元計画

第1時　2つのテープを重ねたときの重なった部分の図形を考える。

72　第2部　スキルコードで深める数学科の授業モデル

・平行四辺形の定義を理解する。

・平行四辺形の性質（長さ・角度）を考える。

第2・3時 平行四辺形の性質を証明する。

・自分で証明（論証）を考える。

・論証の記述を練習する。

第4時 平行四辺形の性質を利用して、図形の性質を証明する。

第5・6時 平行四辺形になるための条件を考える。

・平行四辺形の性質の逆が成り立つか考える。

・他に条件はないか考える。

・証明する。

第7時 平行四辺形になるための条件を利用して、図形の性質を証明する。

第8・9時 特別な平行四辺形である長方形・正方形・ひし形を考える。

第10時 平行線と面積について考える。

2 実践のポイント……………………………………………………

　中学校での図形（ユークリッド幾何）では、平行線の公理などの他、「三角形の合同条件、平行線の錯角・同位角は等しい」ことが成立することを認めて（公理とする）授業が進む。もし「」内のことが、無意識にでも疑問になって、悩んでいる生徒がいたら、「」内のことは証明できるが認めている、ということを説明すると才能豊かな生徒を挫折から救える。具体的には、「」内も公理に加えることを出発点にして、3段論法で、仮定から結論を導いていく。手順としては、1番目に平行四辺形の問題では、結論の式を含む合同な三角形を探し、平行線の錯角や同位角を探す。2番目に今までに習った定理を利用する。それでもできない場合は結論から逆算して進める。ここまで実行してできていないときは、使っていない仮定の条件がないか調べる。これで必ずできるはずであるが、いきなり証明を書き始めるのではなく、図（できるだけ正確な図）をかいて、まず図の中で証明を終える。次に、図を見ながら記述にうつる。証明と記述をはっきり分けて行うことが大切である。証明は思考力養成に最適であり、また一人ひとりやり方が違うので、その記述も違ってくる。これが表現力の養成につながっていく。

3 本時の展開（第1・2時）……………………………………

本時案ロードマップ

K1	P1	R1
K2	P2	R2
K3	P3	R3

K1：平行四辺形の定義を理解する。

P1：テープを重ねたとき、重ねた部分はどんな図形になるか考える。

K2：平行四辺形の性質、平行四辺形になるための条件を理解する。

図形の性質や関係を表現する力／四角形／実施学年2年　　73

P2：平行四辺形の性質、平行四辺形になるための条件など与えられた命題を証明する。

P3：平行四辺形の性質などを利用して、平行線と面積などの問題を解く。

以下の課題を提示し、学習に取り組んだ。（東京書籍『新編 新しい数学』p138を基に作成）

平行四辺形 ABCD で、対角線の交点を O として、平行四辺形の性質③
「平行四辺形では、対角線はそれぞれの中点で交わる。」
を証明してみよう。

[考え方] 右の図の平行四辺形 ABCD について、
　　　　平行四辺形の性質③の
　　　　　　仮定　AB//DC、AD//BC
　　　　から
　　　　　　結論　OA=OC、OB=OD
　　　　を導く。このとき、すでに証明した平行四辺形の
　　　　性質①を用いる。

[証　明] 平行四辺形の性質の証明は、たとえば次のように書く。

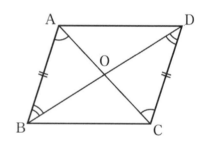

（1）課題を明確にする

仮定と結論を式で書く。

・仮定は平行四辺形であるが、もっと具体的に式で AB//DC、AD//BC と書く。
・結論も、ここでは対角線を引いているが、この作業も本来は自分で行い、OA=OC、OB=OD と書く。

（2）図をできるだけ正確にかく

図をできるだけ大きく、正確にかく。

・かいた図に仮定の条件を記入し、結論は色を変えて記入する。

(3) 結論を含む合同な三角形を探す、平行線の錯角や同位角を探す

> △ ABO と△ CDO が結論の長さとなる辺を含む。

・仮定から自分が見つけた事実を図に色を変えて記入する。
・合同条件に当てはまれば終了である。

(4) 今までに習った定理を利用する

> 平行四辺形の性質①を利用する。

・今までに習った定理として、ここでは「対頂角が等しい」、「平行四辺形の性質①」などが考えられる。
・もし、「2組の角がそれぞれ等しい」ことまで分かれば、後はどこか対応する1組の辺が等しいことを示せば十分である。
・結論は使えないので、AB=CD しか残っていない。よって1辺（AB=CD）とその両端の角がそれぞれ等しいという条件しかないことが分かる。
・図での証明中に行き詰ったら、新しい図をかくのも一つの手である。ただし、前の図もできれば残しておきたい。

4 授業改善の視点······································

　この手法で、中学校1年から図形に取り組んでいれば、ほとんどの生徒は教科書レベルの証明ができるようになる。少なくとも図の中での証明はできるようになる。これだけでも思考力がつき、また図で発表すれば表現力もつく。1人で発表できないときは、グループで、部分的に全員で発表することでもよい。証明とその記述を分けて指導することは、連立方程式の文章題で、方程式を立てることと方程式を解くことを分けて指導することと同様である。証明の記述に関しては、3段論法に慣れていない生徒が途中を飛ばしてしまうことがある。また、国語力がない生徒が文章を書けないこともある。これらは、原因が分かった段階で、その部分だけ鍛えれば効果が出やすい。

　数学、特に図形の証明は中学校では結論が図から当たり前のことが多く、何のために面倒な証明をするのか？何の役に立つのか？など生徒のモチベーションが下がることが多い。そのときには、相対性理論により、速く走る人の時間は遅くなること（当たり前でないこと）が証明できることや、論理を学んでいないと相手にきちんと説明できない、最悪のときは誰かに騙される（その論理的矛盾を見つけられない）可能性もあるなどの話をするのも一つの手である。

［鳥谷尾秀行］

図形の性質や関係を表現する力／四角形／実施学年2年

育てる 資質・能力

確率の考え方を理解し、日常生活に用いる力

実施学年 2年

単元名▶**確率**

1 実践の概要⋯⋯⋯⋯⋯⋯⋯⋯⋯⋯⋯⋯⋯⋯⋯⋯⋯⋯⋯⋯⋯⋯⋯

(1) 資質・能力の概要

　小学校では、単純に割合が等しければ同じであると考えてきた。しかし、不確実な事象を比較する際には、割合にすると近い値であっても、データの総数が大きく異なるときは、割合だけで比較することが必ずしも適切ではないことがある。プロ野球選手の打率などが、規定の打席数を超えなければランキングの対象にならないこともこれにあたる。このような見方・考え方に焦点をあて、統計的な確率につなげていくとともに、起こりやすさを数値で表すことの意味や意義について考えることがねらいになる。

(2) 単元目標

・身の回りの事象の起こりやすさに関心をもち、資料をもとに考えようとしている。

（知識・技能）

・身の回りの事象の起こりやすさを、割合をもとにして考え、説明することができる。

（思考・判断・表現）

・根拠を基に考えをまとめ、自分ならどうするかを深く考え、その経験を普段の生活の中で役立てようとする。　　　　　　　　　　　　　　　　　（主体的に学習に取り組む態度）

(3) 学習ロードマップ

K1	P1	R1
K2	P2	R2
K3	P3	R3

K2：相対度数が、全体に対する起こりやすさの比であることを理解する。

P1：実験を通して頻度論的確率について、実感する。

P2：同様に確からしい場合の数によって確率を計算することができる。

(4) 単元計画

第1時　資料を比較し、どちらを選ぶかを考える。

①重要なデータを区別する。

②割合が同じデータから、より信頼できるものを考える。

③より信頼できる理由について話し合う。

76　第2部　スキルコードで深める数学科の授業モデル

第2時 ことがらの起こりやすさについて考える。

ペットボトルのキャップを投げて、「表向きになる」場合と「それ以外になる」場合のどちらが起こりやすいかを班に分かれて実験する。

第3時 相対度数から確率を求める。

実験のデータから相対度数を求め、確率を求める。

第4時 実験や観察を使わずに確率を求める。

①同様に確からしいという前提から、計算して確率を求める。

②樹形図を根拠に確率を求める。

第5時 いろいろな確率を求める。

①樹形図を用いていろいろな確率を求める。

②あることがらの起こらない確率を求める。

第6時 ことがらの起こりやすさを、確率をもとに説明する。

確率をもとに、ことがらの起こりやすさを説明する。グループごとに話し合い、確率を基準に判断することができたか確認し、考えを深めていく。

2 実践のポイント……………………………………………………

問題場面に偶然に左右されることがらがふくまれていることを見抜くこと、その起こりやすさの判断のために考察対象にする変量を見いだすこと、求めた確率を問題場面に照らして解釈することの3つに当たる活動を、第1学年の「資料の分析と活用」の学習との関連を図りながら行わせることが本単元の「知恵」である。そのためには具体的なデータから相対度数を求めるところから始め、相対度数だけでなく「信頼性」についても言及していく。なお、「確率」という言葉は日常的にも使われていると思うが、確率がもつ意味を正しく理解していない場合もあるので、このことも踏まえた上で指導に臨むことが大切である。多数回の観察の結果に基づいて確率を判断する場合の例として、女子の生まれる確率などを例に挙げるとよいだろう。

樹形図や表を用いて確率を求められるようになったら、生徒にとって身近な場面であるくじびきから導入し、くじをひく順番によるあたりやすさに違いがあるかという疑問への説明を考える問題を取り入れる。このような、求めた確率の意味を、事象に照らして解釈したり判断したりすることなどの活動を通して、確率の必要性についての理解を深めていく。

最後に「モンティ・ホール問題」など、高等学校の数学で扱う内容についても指導できると、確率の楽しさ・面白さが伝わると考える。

確率の考え方を理解し、日常生活に用いる力／確率／実施学年2年　　77

3 本時の展開(第1・2時)・・・・・・・・・・・・・・・・・・・・・・・・・・・・・・・

本時案ロードマップ

K1	P1	R1
K2	P2	R2
K3	P3	R3

K1：起こりやすさについて考える。

P1：データの信頼性を考える。

K2：信頼できるデータを資料から見いだす。

P2：実験を行い、表やグラフを作成する。

K2：表やグラフから事柄の起こりやすさを考える。

以下の課題を提示し、学習に取り組んだ。　（東京書籍『 新編　新しい数学2 』 pp.156〜159を基に作成）

Q 調べてみよう

2社の出航回数と、クジラに出会った回数は、次のようになっていることがわかりました。

A社…40回出航したうち、37回出会った

B社…360回出航したうち、342回出会った

あなたなら、A社とB社のどちらの会社を選びますか。また、そのわけを説明してみましょう。

---

(1) 課題を明確にする

起こりやすさの基準について考える。

・A社とB社の出航回数に対する遭遇回数の割合を確認する。

(2) より信頼できそうなのはどちらか

データの総数にどんな意味があるかを考える。

・「出航回数が少ないと、出会ったのはたまたまかもしれない」など。その際、総数が多いほうが、その値を信頼できそうなことを他の例（野球の打率など）であげる。

(3) 信頼できる理由の説明

信頼できる理由について考える。

・「少しでも遭遇率が高いほうがいいからB社」、「割合はほとんど同じだから、どちらでもよい」など。また、A社の回数を9倍してB社に合わせたりすることも考えられる。

次の時間には、ことがらの起こりやすさを、実験を基に調べてみる。

Q 調べてみよう

> 1つのペットボトルキャップを投げるとき、「表向きになる」場合と、「それ以外になる」場合では、どちらが起こりやすいでしょうか。

(1) ペットボトルキャップを投げ、結果をまとめる

> 投げる回数はどのくらいがよいのだろうか。

・前回のクジラとの出会いやすさで学んだことを活用し、多数回の試行が必要である。「何回が適切かはわからない」、「500回くらい」など。

(2) 表からグラフを作ってみる

> グラフからわかったことは何だろうか。

・投げた回数が少ないときは、表向きになる相対度数は大きく変動するが、投げた回数が多くなるにつれ、その変動の幅は小さくなる。

投げた回数	表向きになった回数	表向きになる割合	それ以外になった回数	それ以外になる割合
200	43	0.215	157	0.785
400	78	0.195	322	0.805
600	124	0.207	476	0.793
800	163	0.204	637	0.796
1000	202	———	798	———
1200	248	———	952	———
1400	297	———	1103	———
1600	334	———	1266	———

4 授業改善の視点……………………………………………………

　今回の活動では第1学年で学んだ「資料の分析と活用」との関連を図りながら行うことに重点を置き、具体的な割合だけでなく、その総数にも注目しながら、より「信頼性」の高いものを考えていった。ペットボトルキャップでの実験では、試行回数をふやしていくことにより、より信頼できる値に近づいていったことを実感できたと思う。今回の経験が日常生活で役立つ知識＝知恵になっていくことだろう。

　インターネットが発達した現代の社会はデータで溢れているが、天気予報などの降水確率もこれまでの膨大な気象データをもとに計算されているものであり、降水確率の意味を知る良い機会にもなるのではないだろうか。　　　　　　　　　　　　　　　　　［辻村　優］

確率の考え方を理解し、日常生活に用いる力／確率／実施学年2年

育てる 資質・能力

式を観察し、変形の方法を考え、実際に行う力

実施学年
3年

単元名▶**因数分解**

1 実践の概要

(1) 資質・能力の概要

中学1年や2年で習った計算法則や多項式の計算に続き、本単元では多項式どうしの乗法や因数分解について学習する。具体的には、多項式の計算における処理方法や公式などの知識を通して、そこにある他の計算法則との関係性を感じながら、この後に学習する二次関数をはじめ、様々な場面で使われる展開・因数分解に必要な計算の技術を学ぶ。その際、どのような式の形にどの公式や考え方を使うかという判断も必要となる。これらが本単元で必要となる資質・能力である。

(2) 単元目標

・多項式の乗法、因数分解の方法や公式を理解することができる。 （知識・技能）

・どのような式でどの考え方、公式を使うのかを判断し、数学的処理を通して目標の形にすることができる。 （思考・判断・表現）

・どのようなときにどの計算方法を用いればよいのか考えようとする。

（主体的に学習に取り組む態度）

(3) 学習ロードマップ

K1	P1	R1
K2	P2	R2
K3	P3	R3

K1：展開、因数分解などの用語を理解する。

K2：展開や因数分解を、面積図や樹形図、文字の置き換えなどの様々な考え方で理解する。

K3：複数の公式や考え方を用いて複雑な式の展開や因数分解ができることを理解する。

P2：展開や因数分解の計算ができる。

P3：複数の公式や考え方を用いて複雑な式の展開や因数分解ができる。

(4) 単元計画

第1次　多項式の計算

①多項式と単項式の乗法、除法を理解する。（第1時）

②分配法則を用いて、多項式と多項式の乗法の展開をする。（第2時）

③乗法公式を理解し、それらを用いて式を展開する。（第3時～第6時）

第2次　因数分解

①素因数分解の意味を理解し、実際に行うことができる。（第7時）

②共通因数をくくりだして多項式を因数分解できる。（第8時～第9時）

③公式を用いて多項式を因数分解できる。（第10時～第14時）

第3次　式の利用

①整数や図形の性質を調べ、式の計算を活用して、それらを証明できる。（第15時～第17時）

②式の展開や因数分解を、数の計算に活用できる。（第18時）

③単元のまとめを行う。（第19時）

2 実践のポイント……………………………………………………

　展開や因数分解の公式を身につけることは、何度も反復することで可能になり難しいことではない。どの場面でどの公式や考え方を用いればよいのか、どの文字に着目すればよいのかを判断する能力が重要である。これを育むためには、前述と同じになるが表題などのヒントが書かれていない問題を何度も演習することが大切である。その際、共通因数に気づいたり、定数項が平方数であることに気づいたりと、様々な判断要素があることに生徒は気づく。その気づき、または「コツ」を大切に指導する。公式を理解することと、何度も経験することが知恵だとすると、この単元はまさにその知恵を磨く以外の何物でもない単元である。

3 本時の展開（第12時）……………………………………………

本時案ロードマップ

K1	P1	R1
K2	P2	R2
K3	P3	R3

K1：因数、因数分解という用語を理解する。

P1：展開の逆の操作であるということを意識する。

K2：因数分解の公式や考え方にしたがって、式を変形することができる。

P2：どの式でどの公式や考え方を用いればよいのか判断できる。

式を観察し、変形の方法を考え、実際に行う力／因数分解／実施学年3年

例題
(1) $x^2-xz+xy-yz$ を因数分解せよ。

(2) $ac-ad+bc-bd$ を因数分解せよ。

(1) 式を考える
・共通因数があればくくることができるが、どちらも共通因数がない。
・文字が3種類や4種類も使われている公式は習っていない。
・4つの項すべてに共通する因数はないが、一部の項の共通因数は存在する。
・既知の内容との結びつきを考える。

(2) 因数分解の方針を与える

①最低次数の文字に着目する。
②1つの文字に着目する。

・例題（1）に使われている3種類の文字の次数を確認し、どの次数が最も小さいか考える。y と z の2つが1次なので、生徒にどちらがいいか決めさせ、くくってみる。どちらでくくっても結果は変わらないことも示す。
・例題（2）はいずれも次数が同じなので、どれでもいいから1つ文字を決めさせてくくってみる。c や d でくくると符号が複雑になるので、クラスの理解度を見て紹介するかどうかを判断する。

(3) 実際に因数分解を行う
・同じかたまりが出てくることに気づく。
・同じかたまりが出てきた後に何をすればよいのかを考え、「くくる」という方法を生徒から引き出す。
・同時に公式は使えないという判断もする。

(4) 演習を行う
・類題を解き、それぞれの問題で前述の方針のどちらに当てはまるのかを判断させながら、因数分解を行う。
・生徒を指名し、実際に黒板で途中式を書かせて発表する。

4 授業改善の視点……………………………………………………

　3つあるうちの真ん中の到達度クラスで授業を行ったのだが、最初の例題を提示したとき
に何からやればよいのかさっぱりわからないという生徒が多かったので、新しい方針を与え
ると生徒は集中して授業を聞いていた。同じかたまりでくくるということはできている生徒
が多かったが、同じかたまりができることを先読みすることが難しいようである。また、
「次数」という言葉が久々の登場だったので、この言葉の復習も必要だった。

　この授業だけで、文字が複数種類あるときの経験を十分にできたとは到底言えないので、
今後、授業の開始5分程度で演習するなどして、判断力を向け、経験を積むことが大切であ
る。

［塚田耕平］

育てる 資質・能力

具体的な作業を通して、無理数の必要性を発見する力

実施学年
3年

単元名▶平方根

---

1 実践の概要 ···

(1) 資質・能力の概要

　三平方の定理で有名なピタゴラスは、紀元前518年に南イタリアで栄えていた都市クロトンに学校をつくった。今日的に言えば宗教的な教団のようなものだと伝えられている。数論、幾何、音楽、天文は数で説明できるので、「万物は数なり」というのが教団の教えであった。教団で知りえたことを口外してはならないという秘密主義で、万が一口外したら溺死という処刑があった。「万物は数なり」を教義としているピタゴラス教団にとって、すべては整数比で表されなければならない。ところが、正方形の対角線と一辺の比はそうはならない。その存在が知れ渡ることによって、教団の権威が失墜することを恐れたピタゴラスは、無理数の存在を口外してはならないものとしたという。

　上記のようなピタゴラスの話を授業の導入部に用いて、数の世界を拡張させる必要性を実感させたい。すなわち、無理数を受け入れることによって世界が広がり、さらに複素数を受け入れることによって数学の世界がますます広がることを伝える。ここでは、面積が与えられた正方形をかく作業を通して、無理数の必要性（発見力）を認識させることがねらいとなる。

(2) 単元目標

・面積がSの正方形を方眼紙に書く。 　　　　　　　　　　　　　　　　　（知識・技能）

・Sが平方数であるときは易しいが、そうでないときは難しい。前向きに思考させたい。

　　　　　　　　　　　　　　　　　　　　　　　　　　　　　　　（思考・判断・表現）

・未習内容にも興味、関心を示し、積極的に問題解決を図ろうとする態度を育てる。

　　　　　　　　　　　　　　　　　　　　　　　　　　（主体的に学習に取り組む態度）

(3) 学習ロードマップ

K1	P1	R1
K2	P2	R2
K3	P3	R3

K1：無理数が身近に存在していることを知る。

K2：ルート（$\sqrt{}$）の加減乗除の計算の原理について納得する。

K3：展開公式などを用いることにより、ルートについての複雑な計算ができる。

84　　第2部　スキルコードで深める数学科の授業モデル

P1：平方根とルートの定義を理解する。

P2：ルートの加減乗除の計算ができる。

P3：$Q(\sqrt{d})$　が体であることを実感する。

(4) 単元計画

第1時　平方根とは何か。　　←本時

①方眼紙に面積がS（S＝4, 9, 16, 2, 8, 5, 13）の正方形をかく。

②正方形の一辺の長さを読む。

③$x^2 = a$を満たすxを定義する。すなわち、平方根を定義する。

第2時　素因数分解について。

①素数とは何かを理解させる。

②素因数分解の方法をマスターする。

第3時　根号を含む式の乗除について。

①根号の中への入れ方、根号の外への出し方。

②根号を含む乗法と分母の有理化の仕方を練習する。

第4時　根号を含む式の加減について。

①同類項をまとめるときと同じ要領である。

②多くの計算練習を通して、身につけさせる。

第5時　根号を含む式のいろいろな計算について。

①分配法則や乗法公式を使って、根号を含む式の計算をする。

②根号を含む式について、式の値を求める。

第6時　平方根の利用。

①身の回りにある平方根について考える。

②白銀比についての理解を深める。

2 実践のポイント……………………………………………………

　「与えられた面積の正方形をかく」という作業を通して、有理数の世界では表せない数の存在に気づかせること（発見力）が大きな目標である。そのためにいろいろな面積を与えることによって、作業させて、考えさせて、二乗してaになる数の必要性に気づかせたい。面積Sとして、S＝4, 9, 16, 2, 8, 5, 13の7種類を挙げたのは次の意図による。

・S＝4, 9, 16は、どの生徒も簡単に書くことができて一辺の長さも容易である。

・S＝2, 8は、それぞれ面積が4, 16の半分であるので正方形が書きやすいことによる。ただし、一辺の長さは有理数の世界には存在しないことに気づかせて、二乗して2になる数、8になる数を定義しなければならない。ここに、平方根が登場することになる。

・S＝5, 13は、4で割って1余る素数である。この素数は、2つの整数の平方和でただ一通りに表せることが証明されている。たとえば、$2017 = 44^2 + 9^2$である。

　$5 = 2^2 + 1^2$、$13 = 3^2 + 2^2$と読み取れば、面積が5の正方形は面積9の正方形から直角を挟

む2辺が1、2の直角三角形を4つ切り取ればいいと気づくであろう。

3 本時の展開（第1時）………………………………………

本時案ロードマップ

K1	P1	R1
K2	P2	R2
K3	P3	R3

K1：平方根を理解する。
P1：正方形の一辺の長さを求める。
K2：S＝4, 9, 16, 2, 8の正方形をかき一辺を求める。
P2：S＝5, 13の正方形をかき一辺を求める。
R2：数の世界を広げて、未習内容にも関心を持つ。

　古代ギリシャの有名な哲学者ソクラテスは、プラトンとの対話編「メノン」の中で、ある少年との以下のような議論を取り上げている。「砂の上に2×2の四角形の図を描き、その長さと面積はいくつになるかと少年に尋ねた。少年は、辺の長さは2で面積は4だと正しい答えを言った。ソクラテスは、その2倍の大きさの正方形の面積はいくつかと尋ねた。少年は、正しく8だと答えた。次のソクラテスの質問は『では、その正方形の辺の長さはどうなるか』だった。すると、少年は答えた。『もちろん2倍になるよ』と」この議論の信憑性を確かめるべく、以下の課題を提示し学習に取り組んだ。

　　右の方眼紙に、次の面積Sの正方形をかけ。
（1）S＝4、9、16。また、それぞれ
　　一辺の長さはいくつか。
（2）S＝2、8。また、それぞれ
　　一辺の長さはいくつか。
（3）S＝5、13。また、それぞれ一辺の
　　長さはいくつか。

（1）面積が平方数であるときの正方形について

面積が4、9、16の正方形をかき、一辺の長さを求めよう。

・正方形の面積は（一辺）×（一辺）なので、簡単に図はかける。

（2）S＝2、8の正方形をかくことを通して、平方根を定義する

面積が2、8の正方形をかき、一辺の長さを求めよう。

・面積が4、16の半分の正方形をかけばよい。

86　第2部　スキルコードで深める数学科の授業モデル

・平方根の定義をする。二乗して a になる数を a の平方根といい、正の方を $\sqrt{a}$、負の方を $-\sqrt{a}$ で表す。$\sqrt{}$ の書き方を練習させたい。
・ソクラテスと少年の議論の解決につながる。

(3) 面積が 4 で割って 1 余る素数のときの正方形について

面積が 5 、13 の正方形をかき、一辺の長さを求めよう。

・5 = 9 − 4 × 1、13 = 25 − 4 × 3 であることに配慮して図形をかく。
・それぞれ一辺の長さは、$\sqrt{5}$ 、$\sqrt{13}$ である。

4 授業改善の視点……………………………………………

　与えられた面積の正方形をかかせてその一辺の長さを考えさせることによって、二乗して a になる数の必要性を実感させ、平方根を定義しようという意図の授業を展開した。時間が許せば、面積が 4 で割って 3 余る素数のときの正方形をかかせることも考えられる。ただし、4 で割って 3 余る素数は、2 つの整数の平方和で表せないため、高校で学習する $\sqrt{3}$ の作図や三平方の定理を使って $\sqrt{3}$ を作り、それを一辺とする正方形を作図する方法を指導しなければならない。先取り学習を含んでいるため、生徒のレベルと意欲をきちんと判断して扱うかどうか決めるべきであろう。いずれにしても、与えられた面積の正方形をかかせることによって、有理数の世界では表せない数の必要性が感じられた授業が展開できたと思う。

　平方根ではないが、3 乗根に関する以下のエピソードも生徒に伝えられたらと思う。

　「2 次方程式に解の公式があるように、3 次方程式、4 次方程式にも解の公式がある。当然のことながら 5 次方程式にも解の公式が存在するものと誰もが信じて疑わなかったが、ついに望まれた成果が得られないままに二百数十年の歳月が流れた。結局、この問題に決着をつけたのは若き天才数学者アーベルとガロアである。「5 次方程式には、解の公式が存在しない」ことを1824年に22歳のノルウェーの天才数学者アーベルが証明した。そして、「どんな形の方程式ならば代数的に解けるのか」その判定法を示したのが、20歳で夭逝したフランスの天才数学者ガロアである。アーベルは、日記に $\sqrt[3]{6064321219}$ と恩師宛の手紙に記したという。1823年 8 月 4 日午後 3 時22分を意味するらしい。」

　天才数学者にまつわる話題は興味深い。

［渡辺和夫］

育てる 資質・能力

相似の証明を行い、自分の考えを論理的に表現する力

実施学年 3年

単元名▶ 相似な図形

1 実践の概要……………………………………………………

(1) 資質・能力の概要

中学2年で合同な図形について学習した。本単元はよく合同な図形と似た兄弟のような扱いを受ける単元であるがそうではない。周りを見渡すと、合同な図形よりも相似な図形のほうが日常生活には溢れている。つまり、相似な図形は日常への応用や、日常で表現されているものが多い、とても身近な単元なのである。よってこの単元を理解することは、数学を日常に結びつける力をつけることと直結するのである。また、証明に重きを置き、自分の考えを記述することで表現力、判断力、そして大学受験に対応できる数学力を身につけさせる。

(2) 単元目標

・相似の意味を理解し、三角形の相似条件や相似な図形の性質を用いて、図形の計量を行うことができる。　　　　　　　　　　　　　　　　　　　　　　　　　　　（知識・技能）

・三角形について注目すべき辺や角を考え、三角形が相似であることを証明することができる。　　　　　　　　　　　　　　　　　　　　　　　　　　　　　（思考・判断・表現）

・相似な図形の性質に注目し、日常のどこに相似が使われているかを考えようとする。

　　　　　　　　　　　　　　　　　　　　　　　　　　（主体的に学習に取り組む態度）

(3) 学習ロードマップ

K1	P1	R1
K2	P2	R2
K3	P3	R3

K1：相似という言葉の定義を理解する。

P1：小学校で学習した「拡大・縮小」と似た意味であることを理解する。

K2：三角形の相似条件を理解する。

P2：三角形が相似であることを適切な条件を用いて証明することができる。

(4) 単元計画

第1次　相似な図形

　①図形が相似であることの意味を理解する。（第1時～第2時）

　②相似比を用いて、相似な図形の対応する辺の長さを求めることができる。（第3時）

88　第2部　スキルコードで深める数学科の授業モデル

第2次　三角形の相似条件

①三角形の相似条件を理解する。（第4時）

②三角形の相似条件を利用して、図形の性質を証明することができる。（第5時〜第6時）

③相似の考えを利用して、距離や高さなど日常生活に応用することができる。（第7時）

第3次　平行線と比

①三角形における平行線と比の性質について理解し、それを用いて、線分の長さを求めたり、図形の性質を証明することができる。（第8時〜第11時）

②中点連結定理について理解し、それを利用することができる。（第12時）

③平行線と比の性質を理解し、それを利用することができる。（第13時〜第14時）

第4次　相似な図形の面積と体積

①相似な図形の相似比と面積比の関係を理解し、それを利用することができる。（第15時〜第16時）

②相似な立体の相似比と体積比の関係を理解し、それを利用することができる。（第17時〜第18時）

③単元のまとめ（第19時）

2 実践のポイント……………………………………………

　証明、つまり自分の考えを論理的に記述することを苦手とする生徒は多い。授業中に問題を扱っても白紙のままで黒板の解答を写すことを繰り返している生徒もいる。これでは表現力・判断力は磨かれない。現実的な話では、大学入試にも対応することができなくなってしまう。そうならないよう、机間指導を他の単元より多く行い、手がつかない生徒に対しとっかかりを与え、とにかく何かしらを書かせることを重視して指導する。何度も何度も書くことで論理的で美しい証明を書くことができるようになるので、その経験を生徒に多くさせることも意識する。

3 本時の展開(第5時)

例題
∠A＝90°である直角三角形 ABC で、
点 A から辺 BC に垂線 AD をひきます。
このとき、
　　△ABC ∽ △DBA
となることを証明しなさい。

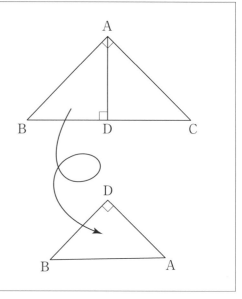

(1) 三角形の相似条件の確認をする
・3つの相似条件を確認する。
・今回証明すべき2つの三角形についてどの相似条件が使えるかを考えさせ発表させる。その際、理由も説明する。

(2) 実際に証明する
・5〜10分程度時間を与え、証明させる。
・机間指導を常に行い、手がつかない生徒に対し助言をする。全員が何かしら書き終えたら授業を進める。
・生徒を指名し、黒板で証明させる。

(3) 証明を確認する
・答え合わせをする前に自分が書いた証明は絶対に消さないよう指導する。新たに黒板の証明を写す場合は、自分が書いた証明とは別のところに書く。
・細かい日本語には突っ込みを入れない。論理的におかしいところと漢字の間違いのみ指摘する。

(4) 演習を行う
・別の証明問題で演習をする。例題と同様、自分で記述することに重きを置いて机間指導を行う。
・何問か演習を行うと3つの相似条件のうち明らかに使用頻度の高い条件があることに気づく。それはなぜかを考えさせる。

4 授業改善の視点……………………………………………

　3つあるうちの真ん中の到達度クラスで授業を行ったのだが、「証明」という言葉を聞いただけで苦手意識を持つ生徒がいた。これは我々大人でもそういう人はいるのではないか。自分で書いた作品である証明が論理的で正しいものだったときの喜びはとても大きい。それを生徒に体感させることが教師の役割である。今回の授業では机間指導の効果もあり全員何かしらを書くことができたので、その点はよかった。しかし、的外れなものや論理的でないものが多くあったので、次はそこを改善する必要がある。この1回の授業でそれを全員に行うことは不可能なので、この単元というスパンで見て、繰り返し証明を書かせ、記述力を向上させていく。

［塚田耕平］

育てる 資質・能力

数学に興味・関心をもち、粘り強く論理的に思考する力

実施学年 3年

単元名▶三平方の定理の利用

1 実践の概要·······························

(1) 資質・能力の概要

　数学のノーベル賞ともいわれる「フィールズ賞」を受賞した小平邦彦は、著書『幾何への誘い』の中で、「数学の初等教育で、論理を用いる豊富な場面を提供する教材は平面幾何だけであろう。平面幾何は、論理を教える最適の教材である」と述べている。また、ノーベル化学賞を受賞した福井謙一も「科学者になることを目指す若者に中学・高校時代に最も勉強してきてほしいものは数学である。特に、平面幾何である。幾何の難問を長時間一心不乱に考えたあげく、ひらめいて解法が得られたときにはスパークとともに成長する電極のように若者の脳力が飛躍的に強化されるに違いない」と語っている。

　三平方の定理の分野は、そういった幾何の問題の宝庫である。その問題解決のためには、次の３つの力が必要である。

・補助線を引くなどの操作を通して直角三角形を見つける力（発見力）

・三平方の定理を使って辺の長さを求める力（基礎力）

・問題解決を図る力（論理的思考力）

　これらの力を単元計画に沿って身につけさせていくことがねらいになる。

(2) 単元目標

・三平方の定理を使って辺の長さを求める。　　　　　　　　　　　　　　　（知識・技能）

・直角三角形を見つける。問題解決のための方針を立てる。　　　　　　（思考・判断・表現）

・いろいろな図形問題を解くことに興味、関心を示し、積極的に問題解決を図ろうとする学習態度を育てる。　　　　　　　　　　　　　　　　　（主体的に学習に取り組む態度）

(3) 学習ロードマップ

K1	P1	R1
K2	P2	R2
K3	P3	R3

K1：三平方の定理を理解する。

P1：三平方の定理を使って辺の長さを求める。

K2：補助線を引き図形を見つける。

P2：見つけた図形の辺の長さを求める。

P3：方程式を立てて問題を解決する。

R2：いろいろな問題を解く。自分で問題を作る。

（4）単元計画

第1時　三平方の定理が成り立つことを示す。

　①図形を貼り合わせて成り立つことを直感で理解させる。

　②ピタゴラス自身による証明法を学ぶ。

第2時　三平方の定理が成り立つことを示す。

　①ユークリッド、アインシュタインによる証明法を学ぶ。

　②その他の証明法を紹介し、多くの証明方法があることを理解させる。

第3時　三平方の定理を使って、直角三角形の辺の長さを求める。

　①直角を挟む2辺の長さを与えた場合。

　②斜辺と他の1辺の長さを与えた場合。

第4時　三平方の定理の逆が成り立つことを示す。

　①証明法を理解させる。

　②3辺の長さがわかっている三角形が直角三角形かどうかを判断させる。

第5時　三平方の定理の利用（1）。

　①正方形の対角線と正三角形および二等辺三角形の高さを求める。

　②特別な直角三角形の3辺の比について理解させる。

第6時　三平方の定理の利用（2）。

　①2点間の距離、円や球への利用。

　②直方体の対角線、円錐や角錐の体積への利用。

第7時　三平方の定理の利用（3）。

　①直方体に糸をかけたときの最短距離を求める。

　②長方形の紙を折ったときの辺の長さを求める。

　③和算の問題。美しい図形の小円の半径の長さを求める。　　←本時

2 実践のポイント……………………………………………

　まず、和算の魅力を伝える。江戸時代には、数学の問題がわかったり、学力が向上したりすると神仏の後押しがあったからだと考え、感謝する意味で絵馬に数学の問題を書いて奉納したという。それが大衆に広まり、日本独自の文化として発展してきたのが「和算」である。その浸透は明治以降近代文明国として欧米列国に短期間で追いついた礎ともされる。しかもそのレベルは高い。関孝和はライプニッツより10年も早く「行列式」を発見した。建部賢弘は、日本で最初の円周率を表す公式「円周率の自乗の無限級数展開式」を天才数学者オイラーより15年も前に発見した。

　そんな大衆の中から生まれた魅力あふれる和算の問題の1題を本時の授業で扱う。しかもその問題は、幾何の問題だけあって論理的思考力の育成に最適である。生徒に考えさせる時間を与えること、生徒から解法が出てこなければヒントを与えるタイミング、どんなヒント

数学に興味・関心をもち、粘り強く論理的に思考する力／三平方の定理の利用／実施学年3年　　93

を与えるかを事前に検討しておくことが重要である。

3 本時の展開(第7時)

以下の課題を提示し、学習に取り組んだ。(日本数学検定協会名誉会長の一松信^{ひとつまつしん}が、ある雑誌のコラムに出題した問題)

> 右の図で大円の半径を1としたとき、小円の半径を求めよ。ただし、3個の六角形はすべて合同な正六角形とする。

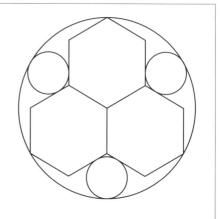

(1) 正六角形についてわかることをまとめる

> 正六角形の一辺の長さや対角線の長さを求めよう。

・正六角形が、6つの正三角形に分割できることを経験として知っている者は、あっという間に一辺の長さが求められる。対角線は2種類あるが、三平方の定理の学習内容が定着していれば難なく求まる。

(2) 問題解決のための補助線を引く

> 正三角形が発見できるか。

・正三角形や二等辺三角形を見つけることは、図形問題解決への大きなステップとなる。小円の中心を結ぶと正三角形になることに気づくことが大きなポイントである。

(3) 課題の解決に向かう

> 小円の半径を r として、正三角形の一辺を r で表そう。

・小円の中心を頂点とする正三角形の一辺の長さは、長さが1でない正六角形の対角線の長さより 2r 長いことがわかる。
・大円の中心が、正三角形の外心(重心)になっていることは明解である。

・直角三角形を見つけて、辺の比からrに関する方程式ができる。
・方程式を解いてrが求まる。

(4) 和算は「遺題継承」により発展した

> この問題を基にして、問題を作ってみよう。

・優秀な作品は、次回の授業で発表する。
・また、全員でその問題解決を図る。

4 授業改善の視点

　遠藤寛子著『算法少女』、鳴海風著『和算の侍』などの和算に関する小説や、易しい和算の問題が載っている佐藤健一著『和算で遊ぼう！』も授業の中で紹介した。いずれも中学生が読むには手頃であろう。ブルーバックスにある山根誠司著の『算法勝負！「江戸の数学」に挑戦』は、中学生レベルの初級から上級まで問題が豊富である。いずれにしろ、こうした本を通して和算の魅力は十分伝わってくる。和算の魅力が数学の魅力となり、ひいては論理的思考力の育成に大きくつながることと思う。

　今回は、和算の問題を通して論理的思考力の資質を伸ばすことを目標に努めたが、やはり生徒自身が興味・関心をもち、自ら調べ、問題解決にあたっていくという前向きな姿勢がなければ資質は大きく伸びない。その意味では、生徒に問題を作らせたことはたいへん意義深い。

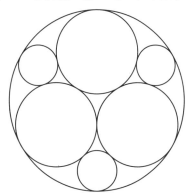

　正六角形を円にしただけの右の図のような図形が作品の中にあった。この問題で半径を求めてみると意外に難しい。実際、生徒に解かせてみるとどの生徒も悩んでいた。ヒントを与え、誘導して解かせた。

　今後も、論理的思考力の資質を伸ばすための良い教材（ネタ）探しに自己研鑽を積んでいきたい。

［渡辺和夫］

育てる 資質・能力

関数を用いて具体的な事象を考察する力

実施学年
3年

単元名▶**関数**

1 実践の概要

(1) 資質・能力の概要

　中学1年で比例と反比例、2年で一次関数となる関係に焦点をあて、具体的な事象の関係を見いだしたり、表・式・グラフで表すことを学んでいる。本単元ではこれらの学習の上に立ち、関数 $y = ax^2$ について学ぶ。身の回りには関数 $y = ax^2$ と関わりの深い事象があることを知り、それらの中から2つの数量を取り出して変化や対応を調べる。関数 $y = ax^2$ についても、表・式・グラフを相互に関連付けて理解するとともに、関数 $y = ax^2$ を用いて具体的な事象を説明する力も身につけさせる。

(2) 単元目標

・事象の中には関数 $y = ax^2$ として捉えられるものがあるということや、関数 $y = ax^2$ の表、式、グラフの関連などを理解すること。 （知識・技能）

・関数 $y = ax^2$ などについての基礎的・基本的な知識や技能を活用して、論理的に考察し、表現すること。 （思考・判断・表現）

・生活の中で様々な事象を関数 $y = ax^2$ として捉え、数学的に考えて表現することに関心をもち、問題の解決に数学を活用して考えようとすること。

（主体的に学習に取り組む態度）

(3) 学習ロードマップ

K1	P1	R1
K2	P2	R2
K3	P3	R3

K1：$y = ax^2$ が関数を表すことを理解する。

K2：放物線とその頂点や軸などの用語とその意味を理解する。

K3：放物線と直線の交点の座標を求めることができる。

P1：関数 $y = ax^2$ の式から表を作成し、表をもとにしてグラフがかけることを理解する。a が変化したときに関数 $y = ax^2$ のグラフがどのように変化するかを理解する。

P2：関数 $y = ax^2$ の式からグラフをかくことができる。1組の x, y の値から、y が x の2乗に比例するときの比例定数を求めることができる。

96　　第2部　スキルコードで深める数学科の授業モデル

P3：放物線と直線など、座標幾何を通じて問題を解決できる。

R1：身近な問題で2乗に比例する関係になっているものを見つけることができる。

(4) 単元計画

第1時 ジェットコースターはどんな動き？

　①実際の映像を元に、ジェットコースターでは、進んだ距離が時間に伴ってどのように変化するかを予測し、調べる。

　②ジェットコースターがおりる場合を、球が斜面を転がる場面におきかえて、変化の様子を調べる。

第2時 関数 $y = ax^2$ の関係と式

　①関数 $y = ax^2$ の意味を知る。

　②y を x の式で表して、y は x の2乗に比例するかどうかを調べる。

第3時 関数 $y = ax^2$ の関係と式

　1組の x, y の値の組から、$y = ax^2$ の式を求める。

第4時 関数 $y = ax^2$ のグラフの特徴

　①関数 $y = x^2$ のグラフがどんな形になるか特徴を調べる。

　②関数 $y = x^2$ のグラフをもとにして、$y = 2x^2$ のグラフをかき、その特徴を調べる。

第5時 関数 $y = ax^2$ のグラフの a の値による変化

　関数 $y = ax^2$ のグラフについて、タブレットで a の値をいろいろとって、その特徴を調べる。

第6時 関数 $y = ax^2$ の値の変化

　①ジェットコースターの例で、変化の割合について考える。平均の速さを求める。

　②関数 $y = ax^2$ と一次関数の特徴を、振り返ってまとめる。

　③身の回りの問題を、関数 $y = ax^2$ を利用して解決する。

2 実践のポイント………………………………………………

　はじめに、ジェットコースターの斜面を取り上げ、斜面をおりる運動の変化の特徴について話し合わせるようにした。生徒の関心は速さに向かうと思われるが、生徒の意見を取り入れながら、自然な形で時間と進む距離の関係に目を向けさせるようにする。ジェットコースターの斜面を登る等速運動と対比しながら指導することで、生徒の身近にある関係には変化の割合が一定でないものもあることを理解させる。ジェットコースターに乗ったことのない生徒には自転車で坂をおりたときの体験を想起させ、実感を伴って理解させる。また、対比をさせる際は表や式よりも先にグラフから始めることで、最終的に式と表とグラフが関連し、グラフから変化の様子を調べることもできるという流れを認識させ、課題意識をもって学習に取り組ませる。

3 本時の展開（第1時）

本時案ロードマップ

K1	P1	R1
K2	P2	R2
K3	P3	R3

K1：与えられた表から数値を読み取る。
P1：数値からグラフを作成する。
P2：グラフや数値から既習事項の関係と比較をし、考察する。
K2：基本的な例に置き換え、改めて数値を読み取り関係を理解する。
K3：関数 $y = ax^2$ の関係を理解する。
P3：身近な生活の場面で、事象を関数 $y = ax^2$ として捉え、問題解決に活用する。

以下の課題を提示し、学習に取り組んだ。（東京書籍『新編 新しい数学』p90を基に作成）

> **Q 調べてみよう**
>
> ジェットコースターが、下の図の斜面①をのぼる場合と、斜面②をおりる場合について、時間と進んだ距離を調べたら、下の表のようになりました。
> これらの表をもとにして、進んだ距離が時間にともなってどのように変化しているのか調べてみましょう。
>
> （下の図と表は東京書籍『新編 新しい数学3』90頁・91頁から引用）

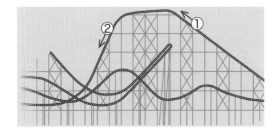

①をのぼる場合

のぼり始めてからの時間(秒)	0	1	2	3	4	5
進んだ距離(m)	0	2	4	6	8	10

②をおりる場合

おり始めてからの時間(秒)	0	1	2	3	4	5
進んだ距離(m)	0	4.2	12.6	23.1	41.0	70.4

(1) どのように調べるか予測を立てる

> どのように調べていくとよいだろうか。

・1秒ごとに進んだ距離を調べてみる。
・グラフに表してみる。
・今までの関数関係と比較してみる。

(2) 1秒ごとに進んだ距離を調べてみる

> 進んだ距離はのぼる場合とおりる場合とではどう違うだろうか。

・のぼる場合は1秒ごとに2mずつ一定の割合で進んでいる。
・おりる場合は進んだ距離はだんだん増えていき、グラフが直線でない。

(3) 球が斜面をおりる場合に置き換えて考えてみる

> ある斜面で球を転がしたところ、1秒ごとの球の位置は、下の図のようになった。進んだ距離が時間にともなってどのように変化しているのか調べてみましょう。
>
>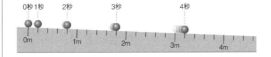
>
> （図は東京書籍『新編 新しい数学3』92頁から引用）

- ジェットコースターが斜面をおりるときの時間と進む距離の関係を定量的に調べるのは難しいので、球が斜面を転がる場面で置き換えて考える。場面は異なるが、ともに斜面の運動について考えていることを強調する。
- 実際に電子黒板を用いて運動を一つひとつ止めながら動きを確認していく。

(4) 球が斜面をおりる場合を考察する

> 進んだ距離と時間にどのような関係があるだろうか。

- 表を用いて考察する。
- 時間を2倍、3倍、4倍とすると距離はどうなるのだろうか。
- 球が転がる時間を定めると進んだ距離がただ1つ決まるので、進んだ距離は時間の関数で、$y = ax^2$の関係があることに気づく。

4 授業改善の視点

　実際のジェットコースターと比較しながら考えを深めることで、生徒たちは意欲的に取り組んだ。このような変化の割合が一定でない関係性は他にも身近に隠れていないかといったところまで考える生徒もいた。今回は落下運動に関するものだけだったが、図形の面積や体積なども今後考えさせていきたい。また、球が斜面を転がる様子に置き換えた部分では、電子黒板を活用することで1秒ごとの動きがより明確となった。グループごとに実験を行い、球の転がる距離を計測することも「知識＋経験」になると考えられる。今回は数学という教科として、既に決まった動きをする球からその関係を気づけるかというプロセスを選んだが今後も幅を広げていきたい。

　関数$y = ax^2$の学習は多項式、平方根、二次方程式、三平方の定理とともに2次で表すことができる事象についての探究活動の一つと位置づけることができる。目標としては具体的な事象を調べることを通して、関数$y = ax^2$について理解するとともに、関数関係を見いだし、表現して考察する能力を伸ばすということであるが、高校の内容につながる2次関数の第一歩として、段階を踏みながらきめ細かい充実した指導が必要になってくる。また、2次の関数を扱う大きな狙いは1次の関数との対比なので、1次関数との比較を考えてみることも考察をする中で重要であると考えられる。

［谷中祐輝］

育てる 資質・能力

図形の性質や計量を表現する力

実施学年
3年

単元名▶円

1 実践の概要……………………………………………………………

(1) 資質・能力の概要

円は中心と半径によって決定される図形である。これまでは、円は1点から等しい距離にある点の集合という立場から捉えることが学習の中心であった。円周角の定理とその逆が成り立つということは、円が線分とその両端を見込む角によって決定されるということになる。ここでは、線分と角とで円が決定されるという新しい視点で円を見なおすことになるのである。新しい視点で円を見なおし、円についての理解を深めることを通して、図形そのものの理解を深めることがここでのねらいである。

(2) 単元目標

・円周角の定理を見いだすことができる。 （知識・技能）

・円周角の定理やその逆を理解できる。 （思考・判断・表現）

・円周角の定理やその逆を利用して図形の新たな性質を見いだしたり、それらの性質を利用して図形の角度を求めたり、作図の方法を考えたりすることができる。

（主体的に学習に取り組む態度）

(3) 学習ロードマップ

K1	P1	R1
K2	P2	R2
K3	P3	R3

K1：中心角や円周角、弧や弦などの用語が表す内容について理解する。

K2：円周角の定理とその逆が成り立つことを理解する。

K3：円周角の定理や相似、三平方の定理などを用いて複雑な図形の辺の長さや角度を求められる。

P1：一つの円に対して弧を固定したときに、いくつかの円周角を測ることで円周角の定理が成り立ちそうなことを見いだす。

P2：円周角の定理やその逆を用いて角度を求められる。

(4) 単元計画

第1時 円周角の定理の導入

100 第2部 スキルコードで深める数学科の授業モデル

円周角の意味を理解し、1つの弧に対する円周角の大きさは一定であることを予想することができる。

第2時　円周角の定理

円周角の定理を理解し、それを利用して角の大きさを求めることができる。

第3時

円周角と弧の定理を理解し、それを利用して角の大きさを求めたり、図形の性質を考察したりすることができる。

第4時

直径と円周角の定理を理解し、角の大きさを求めたり、図形の性質を考察したりすることができる。

第5時　円周角の定理の逆

円周角の定理の逆を理解する。

第6時

円周角の定理の逆を利用して、4点が1つの円周上にあるかどうかを判断したり、図形の性質を考察したりすることができる。

2 実践のポイント……………………………………………………

円の性質はここで初めて知る性質であるから、論証指導にとって好適な内容であるが、ここで最も大切なのは、論証指導をより厳密に行うことではない。すなわち、円周角の定理の証明における円周角と中心角の位置による場合分けの厳密性や、円周角の定理の逆の証明における間接証明というような論理的な立場を強調する場面として大切なのではない。

円周角と中心角の関係は生徒にとっては新しい内容であるから、証明することの必要性を感じさせることができると思われる。したがって、証明の記述の仕方や厳密性にこだわることなく、証明という意味をここで見なおし、証明のよさ、必要性を感じさせる指導が大切である。

3 本時の展開(第1・2時)……………………………

本時案ロードマップ

K1	P1	R1
K2	P2	R2
K3	P3	R3

K1：図から円周角、中心角を求める。

P1：円周角の定理より、いろいろな作図の方法を考える。

P2：円周角の定理より、図形の性質を考察する。

K2：円周角と弧の定理より、角の大きさを求める。

K3：直径と円周角の定理より、角の大きさを求める。

R1：円周角の定理の逆を考察する。

R2：観察や操作、実験などの活動を通して、円周角と中心角の

図形の性質や計量を表現する力／円／実施学年3年　　101

関係を見いだし、図形の性質を考察する。

以下の課題を提示し、学習に取り組んだ。（東京書籍『新編　新しい数学3』p158を基に作成）

> **Q 調べてみよう**
>
> 下の図で、1～7の点のなかから1つを選び、その点をPとして、PとA、PとBをそれぞれ結び、∠APBの大きさを求めてみましょう。
> どんなことがわかるでしょうか。

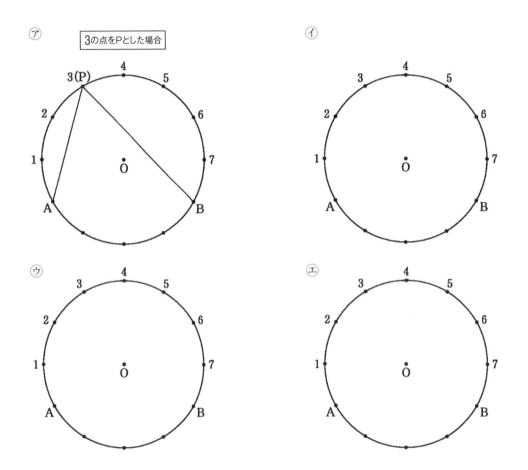

(1) 課題を与え、実際に各自で作業させる

> 1～7の点の中から1つ選び、その点をPとして、∠APBの角度を求めよう。

・㋐は3の点をPとした場合、㋑～㋓は各自で選んだ点をPとする。
・中心と各点を結んだ後は、弧の長さと円周の長さとの関係から中心角を求め、そして円周角に当たる∠APBを求める。

- 1や7の点をPとした場合、自力解決が困難なことが考えられる。その場合、2や3の点をPとした場合を考えたあと、同じように見ることができないかを考えさせる。

(2) 各自で求めた㋐〜㋑の値をまとめる

> ∠APBの角度はそれぞれ何度になるかまとめよう。

- 点Pを1〜7のどこにとっても∠APB＝60°となることに気づかせる。

(3) 課題を明確にする

> 上で調べた性質がいつでも成り立つかどうか考えてみよう。

- 他の場合についても実際に求めてみる。その際に、電子黒板を使って行うとより効果的である。
- 中心角に当たる∠AOBも求める。

4 授業改善の視点

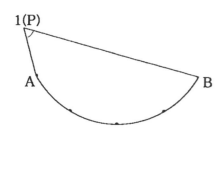 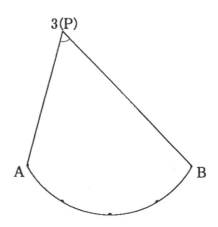

　教科書p159をコピーした用紙を配布し、上の図のように実際に角を作らせ、重ね合わせることによって、∠APBの大きさは変化しないという不思議さを生徒たちに実感させることが導入で重要である。この不思議さが、円周角について探求していくときの強い動機づけとなる。
　∠APBの大きさがどれも一致し、∠APBの大きさの2倍が∠AOBの大きさに等しいことがわかると、自然とその角に意識が向けられていく。この活動は、円周角と中心角の関係や円周角と弧の長さとの関係を気づかせる素地経験となる。実際に生徒に作業させ、気づかせることが大切であると考えられる。

［堀江大典］

育てる 資質・能力

調査の方法や結果を考察する力

実施学年
3年

単元名▶ **標本調査**

┃ 実践の概要・・

(1) 資質・能力の概要

　情報化社会において確率・統計の役割はますます大きくなり、統計的な知識やセンスが学問、医療、流通等、様々な分野において求められている。日常生活で目にする情報や身の回りの物の品質管理等にも利用されている。統計の学習で身に付けた考え方や知識、態度を生活の様々な場面に活かしていくことのできる人間を育てたい。「標本調査」では、実際に調査することを通して標本調査の必要性とその意味の理解を深めさせたい。

(2) 単元目標

・標本調査の必要性と意味、およびそれらの方法と手順を理解する。　　　　　（知識・技能）

・標本調査の手順や無作為抽出の方法、標本の大きさに着目して整理できる。問題を解決するために標本調査を利用し、方法を吟味し改善することができる。　（思考・判断・表現）

・標本調査に関心を持ち、調査のねらいや実現可能性の観点からその必要性と意味を考えたり、母集団から偏りなく標本を抽出したり、母集団の傾向を推定したりしようとする。

（主体的に学習に取り組む態度）

(3) 学習ロードマップ

K1	P1	R1
K2	P2	R2
K3	P3	R3

K1：標本調査、全数調査などの用語の意味を理解する。
P1：標本調査を行い、母集団の様子を推測する。

(4) 単元計画

第1時　身の回りの標本調査

　日常生活や社会においては、様々な理由から、収集できる資料が全体の一部分にすぎない場合が少なくない。このような場合、一部の資料を基にして、全体についてどのようなことがどの程度までわかるのかを考えることが必要である。

第2時　標本調査と全数調査

　標本調査と全数調査を比較するなどして、標本調査の必要性と意味の理解を深める。

104　第2部　スキルコードで深める数学科の授業モデル

第3時　無作為に抽出することの必要性と意味および方法

　実際に標本調査を行う。標本調査であるから、ある程度大きな母集団を対象にすることは当然であり、生徒が標本を取り出すことが困難とならないように注意する。母集団から標本を抽出する場合、注意しなければならないことは、標本が母集団の特徴を的確に反映するように偏りなく抽出することである。

第4時　母集団の傾向の推測

　標本調査により母集団の傾向を捉えて説明し、標本調査についての理解を深める。日常生活や社会における事象に関する問題解決を重視し、生徒の活動を中心に展開する。実験などを行い、標本調査では予測や判断に誤りが生じる可能性があることを経験的に理解させる。生徒が導いた予測や判断については、生徒が何を根拠にしてそのことを説明したのかを重視し、調査の方法や結論が適切かどうかについて生徒同士で話し合いをさせる。

第5時　まとめ

　標本調査を行い、母集団の傾向を捉え、説明することを通して、生徒が標本調査の結果や説明を正しく解釈できるようにする。

2 実践のポイント……………………………………………………

①身の回りの調査が標本調査なのか全数調査なのかを考えさせ、興味をわかせる。数学と社会との結びつきを理解させる。

　（テレビ番組の視聴率、学校での進路調査などが考えられる。）

②全数調査と標本調査のどちらであるかを答えるだけではなく、「なぜ標本調査を行うのか」など、理由を答えさせ、説明する能力をつける。

　（缶詰の品質調査は標本調査であるが、全数調査だと売り物にならなくなる。）

③標本調査の例であっても、「母集団」、「標本」は何かを常に考えさせる。

　（視点を変えて、物事を捉えさせる。）

④生徒同士のグループで標本調査をすることで多くの結果が得られ、母集団の数量を正確に推測できることを実感させる。

⑤標本調査を行う上で、無作為に標本を抽出する方法が適切かどうかを説明する能力をつける。

　（「日本に住んでいる人はどんな歌が好きか」というアンケートを若者が集まる場所で調査するのは不適切である）

⑥コンピュータを用いた乱数の表示、乱数表を用いた乱数の表示など、いろいろな方法で乱数を表示することで、1つの事柄に対し、多くの手法があることを再認識する。

　（数学の他の分野でいえば、別解を理解することを通して、問題を深く学ぶという過程にあたる。）

調査の方法や結果を考察する力／標本調査／実施学年3年　　105

3 本時の展開(第1・2時)‥‥‥‥‥‥‥‥‥‥‥‥‥‥‥‥

本時案ロードマップ

K1	P1	R1
K2	P2	R2
K3	P3	R3

K1：標本調査と全数調査の必要性と意味の理解。

P1：標本調査を行い、母集団の傾向を捉えて説明することに関心をもち、標本の無作為性や標本の大きさに着目して問題の解決に生かそうとしている。

K2：標本調査を用いて問題を解決する手順を理解している。

P2：母集団から偏り無く標本を抽出する方法について考えることができる。

K3：整理した標本を基にして、母集団の傾向を推定できる。

R2：問題を解決するために、標本調査を用いて、母集団の傾向を捉え説明できる。

・身の回りで行われている調査を紹介し、日常生活に結びついていることを確認する（生徒に発表させる）。

・次の課題について考えさせる。

　『1936年に行われたアメリカ大統領選挙において、事前に調査を行った出版社Aはランドンの勝利を予想し、世論研究所Bはルーズベルトの勝利を予想した。』

　選挙の世論調査を思い出させる。

・A、Bそれぞれが調査した人数を知らせる。（A27000人、B3000人）

・予想が当たったと思われる方と、その理由を考えさせる。

　（生徒の多くがAの予想が当たったと答える。理由は調査人数が多いから。）

・実際はBの予想が当たることを話す。

　以下、理由について、考えさせる。

・袋の中に合計1000枚の白いカードと黒いカードがある。

　白いカードと黒いカードが何枚あるか推定させる。

　（生徒のグループで話し合いをさせる。

　「全部数えればよいというグループ」…①

　や

　「一部を調べて割合から求めるグループ」…②

　に分かれる。）

・割合の考えを用いることが重要であることを話す。

　（白いカードの枚数）

　＝1000枚×（抽出した白いカードの枚数）÷（抽出したカードの枚数）

　で推定できる。

　※ 全体をよく混ぜて抽出することを強調する。

　ことばの説明を行う。①を全数調査、②を標本調査と言う。

106　第2部　スキルコードで深める数学科の授業モデル

・出版社Aの予想が外れた理由を考えさせる。（生徒同士の話し合い）

（理由としては、「調査が一部の人に偏っていた」、

「調査した人の年齢に偏りがあった」など。）

・実際の調査方法について話す。

出版社A　　・購読者を対象とした。　　・高所得者層が多かった。

調査会社B　　・性別・年齢を考慮した。・偏りがないようにした。

・本時のまとめ　標本調査、全数調査、無作為抽出の語句の確認

4 授業改善の視点……………………………………………………

　生徒は、世論調査、視聴率など、社会に関心を持っており、それと数学が関わっていることに興味を示していた。話し合いの場面も、それぞれのグループが真剣に議論をし、考える授業になったと思われる。K2の目標である「標本調査を用いて問題を解決する手順を理解している」ことや、P2の目標である「母集団から偏り無く標本を抽出する方法について考えることができる」ことは達成できたのではないかと思う。今後はR2の目標である「問題を解決するために、標本調査を用いて、母集団の傾向を捉え説明できる」ことやK3の目標である「整理した標本を基にして、母集団の傾向を推定できる」ことの達成に向けて指導していきたい。

　これからの授業では、根拠を明らかにしながら説明をしたり、他人の考えを読み取ったりする活動を取り入れたい。特に、根拠を明らかにしながら自ら考えたことを他人に伝えたり、他人の考えを聞いたりする活動を通して、理解を深めさせたい。また、発問に対して、判断の根拠を互いに述べさせるようにしたい。さらに、メモをとりながら他者の考えを聞くことによって、思考を整理する習慣を身につけさせたい。

［舟橋　亘］

おわりに

　秀明大学学校教師学部の数学専修の学生に対して模擬授業や実習における研究授業の指導をする際に、「この授業で生徒に身に付けさせたい知識や考え方は何ですか？そのためにどのように話をもっていきますか？」という問いかけをすることがよくあります。その際に、知識の広がり・深まりを表すような共通の言葉がないために、話がかみ合わないということがありました。そのようなときに、秀明大学学校教師学部附属秀明八千代中学校・高等学校校長の富谷利光氏が、発問コード、スキルコードというものを提唱されていることを伺い、幸いなことに本書の編著を任せていただく機会に与ることができました。編著者の浅学非才のため至らない点もあると思いますが、読者の皆様方の批判・叱正を待って精度を高めていき、秀明大学学校教師学部生に対する模擬授業指導、実習指導などの場で活用することを通して、改善を図っていきたいと考えています。

　最後になりましたが、快く授業モデルを執筆・提供してくださった秀明中学校・高等学校数学科の先生方、秀明大学学校教師学部附属秀明八千代中学校・高等学校数学科の先生方に、この場を借りて厚く御礼申し上げます。また、執筆する機会を与えてくださった富谷利光秀明八千代中学校・高等学校校長に心から感謝申し上げます。

秀明大学　西村 治・岡野浩行

中学校新学習指導要領のカリキュラム・マネジメント シリーズ
スキルコードで深める中学校数学科の授業モデル

◎シリーズ監修者

　富谷　利光　　秀明大学学校教師学部教授
　　　　　　　　秀明大学学校教師学部附属秀明八千代中学校・高等学校校長

◎推薦のことば

　清原　洋一　　秀明大学学校教師学部教授
　　　　　　　　前文部科学省初等中等教育局主任視学官

◆第1部執筆者

　西村　治　　　秀明大学学校教師学部准教授

　岡野　浩行　　秀明大学学校教師学部専任講師

◆第2部執筆者

　青木　俊郎　　秀明中学校・高等学校教諭

　石井　結基　　秀明中学校・高等学校教諭

　神野　護　　　秀明中学校・高等学校教諭

　竹内　潤平　　秀明中学校・高等学校教諭

　塚田　耕平　　秀明中学校・高等学校教諭

　渡辺　和夫　　秀明中学校・高等学校教諭

　河口　志穂　　秀明大学学校教師学部附属秀明八千代中学校・高等学校教諭

　小山　大介　　秀明大学学校教師学部附属秀明八千代中学校・高等学校教諭

　辻村　優　　　秀明大学学校教師学部附属秀明八千代中学校・高等学校教諭

　鳥谷尾秀行　　秀明大学学校教師学部附属秀明八千代中学校・高等学校教諭

　樋口　雄也　　秀明大学学校教師学部附属秀明八千代中学校・高等学校教諭

　舟橋　亘　　　秀明大学学校教師学部附属秀明八千代中学校・高等学校教諭

　堀江　大典　　秀明大学学校教師学部附属秀明八千代中学校・高等学校教諭

　谷中　祐輝　　秀明大学学校教師学部附属秀明八千代中学校・高等学校教諭

〈編著者紹介〉

西村 治（にしむら・おさむ）

1974（昭和49）年、北海道札幌市生まれ。秀明大学学校教師学部准教授。京都大学理学部、京都大学大学院理学研究科修士課程、同博士後期課程修了。博士（理学）。専門は代数的位相幾何学。

主な著書『中学校各教科の「見方・考え方」を鍛える授業プログラム』（富谷利光・編著）64-67頁、学事出版、2018年。

岡野浩行（おかの・ひろゆき）

1977（昭和52）年 岡山県生まれ。秀明大学学校教師学部専任講師。東京大学大学院数理科学研究科数理科学専攻（可積分系）、博士課程単位取得退学。

中学校新学習指導要領のカリキュラム・マネジメント
スキルコードで深める中学校数学科の授業モデル

2019年12月25日　初版第1刷発行

編著者──西村 治・岡野浩行

発行者──安部英行

発行所──学事出版株式会社

　　　　　〒101-0021　東京都千代田区外神田２－２－３

　　　　　電話 03-3255-5471　FAX 03-3255-0248

ホームページ　http://www.gakuji.co.jp

編集担当：丸山久夫

装丁：精文堂印刷制作室／内炭篤詞

印刷・製本：精文堂印刷株式会社

©Osamu Nishimura & Hiroyuki Okano　　　　　　　落丁・乱丁本はお取替えします。

ISBN978-4-7619-2589-5　C3037　Printed in Japan